QUANDO CRISTO VOLTAR

QUANDO CRISTO VOLTAR

O começo da
melhor parte

Max Lucado

Título original em inglês: *When Christ Comes*
Tyndale House Publishers
Primeira edição em inglês:1999

Tradução: João Antonio de Souza Filho
Revisão: Joel Dutra do Nascimento
Adaptação da capa: Eduardo Souza
Editoração eletrônica: Olga Rocha dos Santos

240 - Devocional
Lucado, Max
LUCq Quando Cristo Voltar.../Max Lucado
1ª ed. - Rio de Janeiro: Casa Publicadora das Assembléias de Deus, 1999.
p. 192 cm. 14x21.

ISBN 85-263-0252-3

1. Devocional

CDD
240 - Devocional

Casa Publicadora das Assembléias de Deus
Caixa Postal 331
20001-970, Rio de Janeiro, RJ, Brasil

4ª Edição 2002

À minha mãe

Thelma Lucado

Você não apenas me trouxe ao mundo; você se doou totalmente a mim.

Eu a amo de todo coração!

Conteúdo

Agradecimentos 11

Quando Cristo Voltar 13

1. "Você Confia. Eu Dirijo" 19

Quando Virá o Senhor?

Fico inquieto pensando na volta de Cristo. Vida sem fim? Mundo sem fronteiras? E este ensino todo sobre Armagedom, lago de fogo e a marca da besta? Preciso conhecer tudo isto? E deveria ficar satisfeito depois de ouvir falar dessas coisas?

2. Aguardando com Expectativa 29

Antevendo o dia de Deus

Alguns crentes ficam tão obcecados com os últimos dias que se esquecem do dia de hoje. Outros vivem ao contrário. Falam da volta de Jesus, e no entanto vivem como se Ele nunca fosse voltar. Uns vivem em pânico, outros calmos demais. Existe um equilíbrio?

3. O Berço de Nossa Esperança 37

Dia de Prova e Promessa

Eu sou o tipo cauteloso. Tento crer na volta do Senhor, mas não consigo. Deveria crer no que disse um carpinteiro que viveu numa pequena vila de um país tão distante? Devo realmente crer no que Jesus falou a respeito de sua vinda?

4. Nos Braços Calorosos do Pai Amoroso 45

O Dia do Encontro Feliz

O que acontece com meus entes queridos quando morrem? Onde estão agora? O que acontece entre a morte e o retorno de Cristo?

5. Novinho em Folha! 55

O Dia do Rejuvenescimento

Sempre que se fala da vinda de Jesus ou da morte, fala-se de um novo corpo. Como isto acontecerá? O novo corpo será diametralmente oposto ao que temos agora? Terei a capacidade de reconhecer as pessoas? Alguém me reconhecerá?

6. Vestindo Roupas Diferentes 67

O Dia da Redenção

Lá estou eu, no limiar da porta. Meus amigos e minha família entram, e quando chega minha vez, a porta é fechada. Como posso ter certeza de que não serei barrado?

7. QUEM É QUEM NO PÓDIO DOS VENCEDORES! 77

O Dia do Galardão

Até posso compreender que algumas pessoas terão um grande galardão no céu - missionários, mártires e os heróis. Mas e gente comum como eu? Existe algum galardão nos esperando?

8. FARÍAMOS TUDO DE NOVO 89

Um Dia Repleto de Surpresas

Fico imaginando se fiz alguma diferença neste mundo. Como saberei se influenciei pessoas e contribuí para o destino delas?

9. O ÚLTIMO DIA DO MAL 97

O Dia da Verdade

Que você me diz do diabo? Quando Cristo voltar, o que acontecerá com ele? O que fazer para resistir às investidas do diabo até a volta de Cristo?

10. CONTABILIZANDO A GRAÇA DE DEUS 107

O Dia do Perdão Eterno

Fico atribulado toda vez que penso no juízo final. É verdade que tudo o que fiz será revelado? Com que finalidade? E quando todos os meus pecados ocultos forem manifestos, não ficarei envergonhado? Não me sentirei humilhado?

11. Advertência amorosa 119

O Dia do Juízo Final

Tenho muitas perguntas sobre o inferno. Ele realmente existe? Se é verdade, qual a necessidade de existir o inferno? Por que um Deus amoroso enviaria pessoas para o inferno?

12. Vendo a Jesus 131

Um Dia de Alegria Sem Igual

Afinal, todos verão a Jesus? Perdoe-me por perguntar uma coisa dessas: Mas é interessante ver a Jesus? Nada pode ser comparável à beleza de Jesus. O que o torna tão diferente?

13. No Limiar da Glória 141

O Dia da Celebração Sem Fim

Por que Jesus voltará para me levar? Sou uma pessoa comum, quando comparada aos outros. E também cometi tantos erros. Por que Jesus estaria interessado em me levar?

Atentos ao Toque da Trombeta 151

Guia de Estudo Prático 159

Agradecimentos

Há alguns anos ouvi uma história muito engraçada e impregnada de humor a respeito de Marco Polo. Uma professora contou-me que o assunto surgiu numa classe da Escola Dominical da igreja, quando um de seus alunos tentava citar, pela ordem, os livros do Novo Testamento. Ele começou recitando, "Mateus, Marco Polo, Lucas e João".

Numa tirada de humor, a professora indagou: "O que você acha disso, Marco Polo?"

"Bem", respondeu o rapaz, "faz muito tempo que não me assento no meio de gente tão culta".

Posso fazer a mesma afirmação. Durante o tempo que escrevi este livro, usufruí da companhia de gente fina, o melhor que há no reino de Deus. A alguns deles, expresso aqui minha gratidão.

Comecemos pelo meu editor. Quantos livros editamos? Mais de doze, certo? Um melhor que o outro; cada edição superando a anterior em qualidade, teor e arte. Um editor amigo que não comenta com ninguém os erros que costumo cometer.

À Karen Hill, minha secretária – você consegue fazer tudo sozinha! Atende todo mundo, intercepta os problemas e corre para socorrer-me quando enfrento dificuldades. No entanto, está sempre rindo e esbanjando energia. Você é especial. Muito obrigado!

Ao Steve e Cheryl Green, ao Austin, Carolina e Claire, gente que faz parte de minha família, fiel como o sol iluminando a terra todos os dias.

Ao Steve Halliday, que preparou o guia de estudo no fim do livro. O que ele fez possibilita ao leitor um entendimento maior do tema, e é um desafio ao coração.

À grande família que trabalha na Editora Word. Como é bom confiar numa equipe tão bem treinada!

Quero expressar também meus agradecimentos à igreja de Oak Hill. Que ano tivemos! Novo local de reuniões, novas instalações, novos planos, novos programas...que bom que vocês não optaram por outro pregador. Experimentamos dia a dia as respostas de nossas orações. Agradeço o privilégio de poder compartilhar a Palavra de Deus todos os domingos com vocês.

Aos anciãos da igreja de Oak Hill, pela forma graciosa com que pastoreiam o rebanho, o cuidado e amor fraternal que dispensam à minha família e pela contínua intercessão a meu favor. Obrigado.

A todos quantos trabalham nas mais diversas atividades da igreja. Vocês são ótimos. É bom contar com uma equipe assim.

Ao Victor e Tara McCracken. Que verão abençoado tivemos, repleto de estudos! Bem-vindos à cidade de San Antonio.

Pela bênção de poder contar com um anjo no escritório – Becky Rayburn!

Também às minhas filhas, Jenna, Andrea e Sara. Uma cursando o segundo grau, outra no primeiro e a mais nova recém começando na escola, mas todas em meu coração. Amo vocês!

À Denalyn, minha esposa. Para mostrar-me sua graça, Deus me deu a cruz; para mostrar sua extravagância, deu-me você!

E a você, leitor, já que serei seu orientador nas próximas páginas, prometo que darei o melhor de mim mesmo; falando quando tiver algo a dizer e calando-me quando não tiver respostas a dar. E caso você decida fechar o livro para conversar com o Autor por excelência, vá em frente.

Quando você voltar a abrir o livro, estarei aqui, aguardando seu retorno.

Quando Cristo Voltar

Você está voltando para casa, dirigindo seu automóvel. Seus pensamentos vagueiam entre o jogo na tevê e o culto da igreja, quando repentinamente um som diferente enche o ar. Você nunca ouviu coisa igual. O som vem do céu. Som de trombeta? Coral? Uma orquestra de trombetas e coral? Você não consegue discernir e se enche de curiosidade. Você pára no acostamento ou no meio fio, sai do carro e olha para cima. Tem mais gente parando, e a rodovia mais parece uma grande área de estacionamento. Todo mundo sai do carro e olha para cima. As pessoas correm para fora das lojas, os mercados ficam vazios, os garotos que jogam bola no campinho ao lado da estrada, param para ver o que está acontecendo. Os olhos de todos fitam os céus.

E as pessoas começam a ver algo inusitado, jamais visto antes!

Os céus abrem-se como grandes cortinas despejando uma brilhante luz sobre a terra, afugentando as trevas. Todo céu se ilumina. Um rio de luzes coloridas surge de um ponto no céu, e desce sobre todos em forma de cascata, mais parecendo milhões de partículas de cristais, cujas cores e matizes ofuscam os olhos de todos. Milhões de anjos aparecem cavalgando na esteira do colorido e brilhante rio. Eles surgem por trás das cortinas; são miríades e miríades, até que cada milímetro do céu fica cheio deles. Do norte, sul, leste e oeste surgem voando em asas prateadas que sobem e descem na mais perfeita harmonia, jamais vista pelo olho humano e, juntando-se ao som das trombetas formam um grande cenário de beleza e majestade. Ouvem-se querubins e serafins entoando, "Santo, Santo, Santo".

O flanco final de anjos é seguido por vinte e quatro anciãos de barbas longas, cabelos brancos e uma multidão de almas que se unem aos anjos em adoração. Em seguida, todo movimento cessa, as trombetas param de ressoar e ouve-se uma harmonia de vozes cantando repetidamente, "Santo, Santo, Santo". Entre cada palavra, uma pausa. Uma profunda reverência permeia cada proclamação. É como se cada palavra fosse proclamada separadamente, mas em profunda e rara harmonia com a seguinte. Você se dá conta que começa a cantar com eles sem qualquer esforço.

Repentinamente todo o céu silencia. Não se ouve voz nem som algum. Os anjos observam. Você olha. Todos param para olhar — e aí vem Ele. Jesus. Através das ondas de luz você discerne a silhueta de Cristo, o Rei. Montado sobre um belíssimo corcel que parece flutuar muito acima dos tufos encapelados de nuvens, Ele vem. Seus lábios se abrem e todos prostram-se ante sua declaração: "Eu sou o Alfa e o Ômega".

Anjos o reverenciam, curvando-se. Os anciãos tiram a coroa de suas cabeças. Você é quase consumido pela cena que está diante de seus olhos. Instintivamente você sabe o que fazer. Nada tem mais sentido. Esqueça a bolsa de valores, os relatórios financeiros da empresa, as reuniões de negócio e o culto da noite. Nada mais tem sentido algum. Cristo voltou...

Fico a imaginar que minha descrição do retorno de Cristo mexeu com você. Não seria interessante assentarmo-nos numa roda ouvindo a reação das pessoas? Se pudéssemos resumir numa palavra as emoções sentidas quando Cristo voltar, que palavras ouviríamos? Que palavra você usaria?

Desconforto? É a mais popular das palavras, afinal, os sermões que você ouviu diziam que na vinda de Cristo todos os seus erros seriam expostos. Os segredos revelados. O livro será aberto e os nomes nele escritos serão lidos. Você sabe que Deus é santo; você não. E por que tanto desconforto só em pensar no retorno do Senhor?

Além do mais, todas aquelas frases – "a marca da besta", "o anticristo", "batalha do Armagedom" e "guerras e rumores de guerras"! Que disse aquele pregador na tevê? "Evite os telefones com os números 666". E aquele artigo de uma conceituada revista descrevendo o novo senador como anticristo? Desconforto, esta é a palavra.

Ou quem sabe, a palavra desconforto não expressa bem o que você quis dizer. *Negação* é a palavra mais correta. (Ou você trata do desconforto pela negação?) A dúvida não é uma boa amizade. Preferimos respostas e explicações, e estas parecem escassas nos últimos tempos. Você decide que é melhor nem pensar sobre isto. Por que analisar o que você nem sabe explicar? Se Jesus voltar, amém! Se não, amém também! Com licença, preciso dormir. Tenho que sair bem cedo para o trabalho.

Desapontamento. Acho que esta é a palavra mais certa. Pode ser que sim. Você a relaciona a tantas coisas. Quem ficaria desapontado só em pensar na iminência da vinda de Cristo? A futura mamãe pode ficar desapontada – ela quer tanto embalar o bebê que está por nascer. Os noivos também – eles querem se casar. O soldado aquartelado longe de casa – ele quer voltar ao lar antes de ir definitivamente para o lar no céu.

Esses são três exemplos onde o simples pensamento da volta de Cristo pode mexer com as emoções de uma pessoa. Ainda outros ficarão *obcecados*. (São aqueles que vivem de olho em gráficos e, pode crer irmão, em profecias) *Pânico.* ("É melhor vender tudo e viver nas montanhas"!)

Gostaria de imaginar o que Deus espera de nós. E não é difícil saber. Jesus falou em João 14: "Não se perturbe o coração de vocês. Creiam em Deus; creiam também em mim...voltarei e os levarei para mim" (Vv. 1,3). É simples imaginar a cena. O Pai ausentou-se por algum tempo, mas retornará. Até que volte quer que seus filhos vivam tranqüilos.

É isto o que espero de minhas três filhas.

Ontem à noite, depois de abraçá-las e beijá-las viajei para poder terminar este livro. Ao despedir-me na porta da casa, dei-lhes minha palavra de que voltarei logo. Eu não pretendia deixá-las, mas este livro precisava de alguns retoques e o editor queria o manuscrito pronto. Aqui estou, longe de casa, num esconderijo, catando letras nas teclas de um computador. Concluímos que seria necessário ausentar-me de casa, a fim de levar a termo esta difícil tarefa.

Você acha que enquanto estou ausente quero que elas se sintam desamparadas e desconfortáveis? Ou que elas não desejem que eu retorne? Não.

E que dizer da negação? Como eu reagiria se soubesse que elas tiraram minha foto do porta retrato da mesinha de centro, afastaram minha cadeira da mesa de jantar e se negam a conversar sobre o meu retorno? Eu ficaria triste.

E o desapontamento? "Puxa! Espero que papai não volte antes de sexta à noite – tem aquela festinha dos adolescentes". Sou tão cafona que meu regresso afastará delas toda alegria?

Acho que sim. Mas Deus não. E se Deus sente-se bem conosco, seus filhos não ficarão desapontados com a notícia de seu retorno. Ele também está longe de sua família, e como no meu caso, prometeu voltar. Ele não está ausente escrevendo um livro, mas a história. Minhas filhas desconhecem as implicações de meu trabalho; nós não conhecemos todos aos detalhes de Deus. O que fazer nesse meio tempo, enquanto Jesus não volta? Confiar. O último capítulo será concluído e o Senhor baterá à porta. Até que isto aconteça, diz Jesus: "Não se perturbe o coração de vocês. Creiam em Deus; creiam também em mim".

Esse é o anelo de Deus e também o propósito deste livro.

Livro algum tem todas as respostas e nem todos os que lerem este livro concordarão com minhas sugestões. (Alguns de vocês mal haviam começado a ler a descrição que fiz da volta de Jesus e já objetaram dando suas próprias opiniões). Quem sabe este livro será usado por Deus para deixar você tranqüilo e em paz até que Ele volte?

Você gostaria de tratar deste empolgante tema do fim dos tempos sem ficar preocupado? Você teria palavras confortáveis para dizer àquelas pessoas que ficam nervosas só em pensar no retorno de Cristo? Se você as tem, eu também tenho algumas.

Vamos conversar.

Capítulo 1

"Você Confia. Eu Dirijo"

Quando Virá o Senhor?

Não se perturbe o coração de vocês. Creiam em Deus; creiam também
em mim... voltarei e os levarei para mim.
João 14.1,3

Criar filhos é um desafio aos pais. Quantos de nós temos respostas às perguntas de nossos filhos?

"Por que não posso ganhar outro brinquedo?"

"Mas você se casou quando tinha dezoito anos. Por que eu não posso?"

"Papai, o que é Viagra?"

Indagações deste tipo fazem qualquer sábio gaguejar. Não se comparam, no entanto, com as perguntas que uma criança faz quando está viajando. Numa pesquisa empreendida por Lucado e amigos (entrevistei vários casais no saguão do templo), descobri qual a pergunta mais temida pelos pais. E qual a indagação que mais irrita qualquer pai? Sabe qual é? É aquela que uma criança de cinco anos faz durante a viagem toda: "Tá muito longe ainda, papai?"

Apresentem-nos os dilemas de um cálculo geométrico; perguntem sobre sexo, mas jamais esperem que um pai consiga responder este questionamento, "Tá muito longe ainda, papai?"

É difícil responder tal pergunta. Como falar de tempo e distância a alguém que não entende de tempo e distância? Os papais de primeira viagem pensam que é fácil dizer: "Duzentos e cinqüenta quilômetros". Mas o que é quilômetro para uma criança? Nada! É como falar em grego! Por isso a criança volta a perguntar: "Mas o que são duzentos e cinqüenta quilômetros?" Você decide ser pragmático e explica à impertinente criança que um quilômetro corresponde a mil metros e que duzentos e cinqüenta quilômetros são duzentos e cinqüenta mil metros. Você nem terminou de falar e ela o tira do sério. A criança se acomoda em silêncio até que você faça uma pausa para engolir a saliva, e pergunta novamente: "Tá muito longe ainda, pai?"

O mundo de uma criança é maravilhoso; ele é livre de velocímetros e relógios despertadores. Você pode falar sobre minutos e quilômetros, mas a criança não tem noção do que se trata. E o que você faz? A maior parte dos pais usa de criatividade. Nossas filhas gostavam muito de ver Vila Sésamo quando eram pequenas e Denalyn e eu usávamos o programa como escala de medida. "É o tempo que demora para se ver Vila Sésamo três vezes", respondíamos.

Nossa resposta ajudava durante alguns minutos, mas logo voltavam a perguntar. Depois reagíamos como qualquer pai costuma reagir diante da insistente pergunta: "Apenas confiem em mim. Apreciem a paisagem e não se preocupem com os detalhes. É minha a responsabilidade de levar vocês para casa, Okay?"

E falávamos sério. Não queremos que nosso filhos se preocupem com detalhes. Por isso fizemos um trato: "Nós dirigimos; vocês confiam!"

É uma resposta prática, não é mesmo? E foi exatamente isto que Jesus nos disse antes de ser crucificado. "Para onde eu vou, vocês não podem me seguir agora, mas me seguirão mais tarde" (Jo 13.36), disse Jesus aos seus discípulos.

Este tipo de declaração levantou algumas questões. Pedro, falando pelos demais, perguntou-lhe: "Senhor, por que não posso seguir-te agora?" (v. 37).

Pode-se perceber que a resposta de Jesus reflete a ternura de um pai ao filho: "Que os corações de vocês não fiquem aflitos. Vocês confiam em Deus; agora confiem em mim. Existem muitas moradas lá onde meu Pai mora, Eu vou preparar algumas para vocês. Quando tudo estiver pronto, então Eu virei buscar todos, para que possam estar sempre comigo, onde Eu estiver" (Jo 14.1-3 BV).

Se reduzirmos o texto todo a apenas uma frase, poderíamos ler assim: "Você confia; eu dirijo". Saudável lembrança no que diz respeito ao retorno de Cristo. Muita gente não associa o verbo confiar à vinda do Senhor.

Nossa mente infantil não está devidamente preparada para entender a eternidade. Quando somos confrontados com um mundo que não tem limite de espaço e tempo, ficamos a ver navios. Daí que o Senhor assume a postura de um pai, dizendo-nos: "Você confia, eu dirijo". Esta é, precisamente, a mensagem cheia de amor e ternura de João 14. Consideremos o texto por alguns instantes.

Tudo o que disse o Senhor pode ser resumido na palavra confiar. Ele a cita duas vezes. "Que os corações de vocês não fiquem aflitos. Vocês confiam em Deus; agora confiem em mim" (v. 1).

Não fiquem perturbados quanto ao retorno de Cristo, nem ansiosos por coisas que vocês não podem compreender. Assuntos como o milênio e o anticristo são um desafio à nossa capacidade e entendimento, mas não nos impressionam nem tão-pouco nos dividem. Para o crente, o retorno de Cristo não é um enigma a ser resolvido nem um código a ser descoberto, mas um dia que deve ser aguardado com expectativa.

Jesus quer que confiemos nele e não que fiquemos aflitos. Por isso assegurou-nos com estas verdades:

Eu tenho lugar bem amplo para você. "Existem muitas moradas lá onde meu Pai mora" (v. 2). Por que Ele se refere a "muitas moradas?" Por que Jesus faz questão de mencionar o tamanho da casa? Você pode responder a pergunta do jeito que quiser, imaginando, às vezes, que ouviu o contrário. Você já enfrentou ocasiões quando ouviu alguém lhe dizer: "Não tenho lugar para você aqui"?

Já ouviu isto quando saiu à procura de emprego? "Lamento, mas não temos vagas".

Ouviu também na hora de formar o time de futebol? "Não há mais lugar neste time".

Acaso, ouviu alguém a quem você ama responder-lhe de chofre "Não há mais lugar para você em meu coração"?

Ou de algum intolerante? "Gente como você não é aceito em nosso meio".

Pior ainda, quando você é chamado no gabinete da igreja e ouve o pastor dizer: "Você incomodou demais. Não há lugar para você aqui".

Uma das frases mais duras de se ouvir na face da terra é: "Não temos lugar para você aqui".

Jesus conhecia os sentido dessas palavras. Ainda no ventre de Maria ouviu o estalajadeiro dizer a seus progenitores: "Não há lugar para vocês aqui".

Quando os moradores de sua cidade natal tentaram apedrejá-lo, estavam dizendo-lhe a mesma coisa: "Não temos lugar para profetas nesta cidade".

Ao ser acusado de blasfêmia, os líderes judeus estavam dizendo-lhe na cara: "Não temos lugar para aqueles que se auto proclamam Messias neste país".

E ao ser levantado na cruz, a mensagem direta que estava ouvindo, era: "Não temos lugar para você neste mundo".

Ainda hoje Jesus recebe o mesmo tratamento. Ele vai de pessoa em pessoa pedindo-lhe para fazer morada nela. E o que ouve com mais freqüência são as mesmas palavras ouvidas pela primeira vez em Belém: "Estamos lotados. Não temos lugar para vocês aqui".

No entanto, com certa freqüência, Jesus é bem-vindo. Alguns abrem de par em par as portas de seu coração e o convidam a fazer nele morada. São a essas pessoas que Jesus promete lugar em seu lar. "Não se perturbe o coração de vocês. Creiam em Deus, creiam também em mim. Na casa de meu Pai há muitos aposentos".

"Eu tenho um lugar bem amplo para vocês", diz Ele. Que promessa gloriosa! Também reservamos lugar para Ele em nossos corações, e Ele nos prepara lugar em sua casa. A casa de Jesus é ampla e tem muitos aposentos.

A casa de Jesus tem uma segunda bênção:

Eu tenho um lugar preparado para você. Na realidade, Jesus está dizendo: "Vou preparar lugar para vocês" (v. 2). Alguns anos atrás fiquei uma semana ministrando numa igreja da Califórnia; e os membros daquela congregação têm prazer em hospedar os irmãos. Cada dia almoçava numa casa diferente, e cada mesa era mais farta que a outra. Além, é claro, da amizade que fiz com aquelas famílias. Depois de algumas refeições comecei a notar que todos só ofereciam-me saladas. Gosto de salada como qualquer pessoa, mas prefiro comê-la como entrada do prato principal. Mas em todas as casas a salada era o prato principal. Não me serviam carne nem sobremesa, apelas salada.

Pensei, a princípio, que era costume daquele povo. Mas tive que perguntar, e a resposta deixou-me confuso. "Disseram-nos que você come apenas salada, e nada mais". Bem. Imediatamente procurei saber a fonte de tal informação. Ligando os pontos, descobrimos que a falta de comunicação ocorreu entre o escritório de nossa igreja e o deles.

Os irmãos trataram-me muito bem, mas obtiveram informação errada a meu respeito. Fico feliz que o problema foi corrigido a tempo.

Fico mais feliz ainda em afirmar que Jesus não faz este tipo de confusão.

Ele faz por você o que meus amigos da Califórnia fizeram por mim. Ele está preparando lugar. Com um porém: Ele sabe exatamente do que você precisa. Não se preocupe, nem fique enjoado ou cansado de ver as mesmas pessoas, cantar os mesmos cânticos, nem também se preocupe em comer salada todos os dias.

Ele está preparando o lugar ideal para você. Aprecio a definição de vida eterna de John MacArthur. "O céu é o lugar perfeito para pessoas feitas perfeitas".[1]

Confie nas promessas de Cristo. "Eu tenho lugar preparado para você. É amplo e agradável".

E uma última promessa de Jesus:

É verdade! Voltarei! "Voltarei e os levarei para mim, para que vocês estejam onde eu estiver" (v. 3). Você pode perceber que há uma mudança sensível no tom de voz de Jesus neste versículo? As primeiras frases foram enunciadas num tom fervoroso. "Não se perturbe", "creiam em Deus". "Há muitas moradas". São palavras revestidas de ternura, mas Ele muda sensivelmente o tom de voz, e diz com forte convicção: "Voltarei..."

George Tulloch demonstrou determinação semelhante. Em 1996 ele conduziu uma expedição ao lugar onde o Titanic havia naufragado em 1912. Sua equipe recuperou inúmeros objetos, como óculos, jóias e louças. Em sua pesquisa, Tulloch notou que um pedaço do casco havia se desprendido e repousava no fundo do mar, não muito distante do navio. Ele não poderia perder a oportunidade que tinha diante dele; ali estava a chance de recuperar uma parte do próprio navio.

Sua equipe começou a guindar do fundo do mar, para dentro do barco, aquele pedaço de casco pesando vinte toneladas. Conseguiram erguê-lo até a superfície, e estavam para içá-lo ao convés quando um temporal se abateu sobre eles, rompendo as cordas. O Atlântico exigiu seu tesouro de volta. Tulloch viu-se forçado a retroceder e a reagrupar forças. Antes de abandonar o local, ele fez algo curioso. Desceu para o fundo do mar até onde a pressão marítima o permitia, e usando um braço robótico de seu submarino, prendeu uma faixa de aço no pedaço do casco, onde estava impressa a seguinte frase: "Voltarei. George Tulloch". [2]

A princípio, percebe-se um forte senso de humor; afinal, que outra pessoa se aventuraria a roubar um pedaço de casco do fundo do oceano? Especialmente porque estava a 4 mil metros de profundidade! Por outro lado, é apenas um pedaço de casco de navio enferrujado. Quem se atreveria a tal expedição?

Pode ser que digam a mesma coisa sobre você e eu. Por que Deus faria tanto esforço em resgatar-nos? Que utilidade temos para Deus? Ele deve ter lá suas razões, pois há dois mil anos, entrou nas águas turvas do mundo à procura de seus filhos. E a todos quantos permitem sua aproximação, Ele invoca seus direitos e sela o seu nome. "Eu voltarei", diz Ele.

George Tulloch cumpriu sua promessa! Dois anos depois voltou ao lugar do naufrágio e recuperou aquele pedaço de casco.

É isto o que Jesus fará. Não sabemos quando Ele virá nem como se chegará a nós. Nem tão pouco sabemos por que Ele virá. Claro, temos idéias e opiniões, mas o que mais temos é fé. Temos fé que Ele tem muitos lugares e que preparou um amplo lugar. No momento certo, Ele voltará e nos levará para Ele!

Ele dirige. Tudo o que temos a fazer é confiar.

[1] JOHN MACARTHUR, The Glory of Heaven (A Glória dos Céus) Wheaton, Illinóis. Crossway Books, 1996 pg. 118

[2] Titanic Live (O Titanic Vive) apresentado no Discovery Channel, em 16 de agosto de 1998; Prime Time Live, 13 de agosto de 1998

Capítulo 2

Aguardando com Expectativa

Antevendo o dia de Deus

Que tipo de pessoa é necessário que vocês sejam? Vivam de maneira santa e piedosa, esperando o dia de Deus e apressando a sua vinda.

2 Pedro 3.11,12

Sentimo-nos curiosos estudando os personagens bíblicos, pois cada um deles marca nossas mentes com características diferentes. Abraão é lembrado por causa da fé. Moisés, por sua liderança. Paulo, pela quantidade de epístolas que escreveu e João por seu grande amor. Simeão, no entanto, não é lembrado por liderar, pregar ou amar, mas por esperar.

"Havia em Jerusalém um homem chamado Simeão, homem este justo e piedoso que *esperava* a consolação de Israel; e o Espírito Santo estava sobre ele" (Lc 2.25 ARA - grifo do autor).

Vejamos mais de perto este homem que esperava a chegada de Cristo. A maneira com que ele esperava a primeira vinda, serve-nos de modelo de como devemos aguardar a segunda vinda de Jesus.

Nosso rápido encontro com Simeão se dá oito dias após o nascimento de Jesus. José e Maria trouxeram seu filho ao templo, naquele que era o dia de oferecer a Deus uma oferta sacrificial, o dia da circuncisão e dedicação do menino. Simeão, entretanto, viu esse dia, como de grande celebração.

Imagine-se vendo aquela figura de barbas e cabelos brancos, olhos penetrantes que recendem sabedoria, descendo pelas ruas de Jerusalém. Ao passar em frente ao mercado, chamam-no pelo nome, mas ele apenas acena levemente com uma das mãos e continua caminhando a passos firmes. Seus vizinhos o saúdam, ele responde com outro gesto, mas não pára para conversar. Seus amigos conversam animadamente na esquina; ele apenas sorri e continua em frente. Ele tem que ir ao templo e não pode perder tempo.

O versículo 27 contém esta curiosa afirmação: "Movido pelo Espírito foi ao templo". Parece-nos que Simeão naquele dia não planejava ir ao templo, Deus, no entanto, pensou diferente. Não sabemos como o Espírito o moveu, se na forma de um amigo que o chamou, da esposa que o convidou, de uma voz em seu interior ou o quê. Mas Simeão deixou os compromissos do dia em ordem, dispensou o convite para jogar golfe, cancelou algumas visitas e anunciou: "Vou para o templo".

Neste aspecto entendemos sua disposição – movido pelo Espírito. Não sabemos se Simeão entendeu ou não por que ia ao templo. Sabemos, no entanto, que não fora esta a primeira vez que Deus lhe falara; aventuramo-nos a dizer que ele ouvira Deus falar-lhe claramente, pelo menos uma vez.

"Fora-lhe revelado pelo Espírito Santo que ele não morreria antes de ver o Cristo do Senhor" (v. 26).

Imagine a reação de uma pessoa ouvindo uma mensagem como esta. Como você reagiria se tivesse uma revelação de que algum dia iria ver o Senhor? Sabemos como Simeão se sentiu.

Ele "vivia esperando que o Messias viesse em breve" (v. 25 BV), ou como diz outra versão, "Ele esperava a consolação de Israel" (v. 25 BJ).

Simeão vivia na ponta dos pés, como se espreitasse algo, olhos atentos, aguardando Aquele que viria restaurar Israel.

Talvez você saiba o que acontece quando alguém que não o conhece está à sua procura. Eu sei. Quando viajo a ministério, nem sempre conheço a pessoa que irá me buscar no aeroporto. Alguém é enviado, mas não conheço a pessoa. Assim, saio do avião olhando todo mundo que não conheço, buscando alguém que também nunca vi. No entanto, sem nunca ter visto a pessoa, tenho certeza de que a acharei. Ela pode ter meu nome num pequeno cartaz, ou tem um dos meus livros em suas mãos, ou ainda é um irmão que tem o brilho de Cristo em sua face. Se você perguntar como vou reconhecer a pessoa que foi me buscar, apenas direi: "Eu não sei. Apenas sei que a encontrarei".

Imagino que era isto o que Simeão pensava. "Como você vai saber quem é o rei, Simeão?" Ele diria: "Não sei. Só sei que o acharei". Olhos atentos, ele perscruta. Como Colombo decifrando seus mapas, ele procura. Examina cada rosto. Olha atentamente a face daqueles que nunca antes viu. Como quem espreita algo, ele procura.

O idioma grego, rico em termos, tem muitas palavras com o sentido de "olhar, procurar". Uma palavra quer dizer, "procurando", outra, "olhando", ainda outra com o sentido de "verificando" e outra, "perscrutando". "Olhar, procurando atentamente", diz um vocábulo e "investigar alguém cuidadosamente", diz outro.

De todos os termos gregos para *olhar,* o que melhor capta o sentido de "esperando" é o termo usado ao descrever a ação de Simeão: *prosdechomai*. *Dechomai* tem o sentido de "esperar". *Pros*, "o que vem adiante". Agregue-se os dois termos e teremos aí o sentido de "esperando o que vem adiante". A gramática é pobre, mas a cena maravilhosa. Simeão estava esperando; não exigindo, nem apressando, apenas aguardando.

Ao mesmo tempo ele aguardava o que *viria a seguir*. Pacientemente velando, em constante expectativa, sem demonstrar pressa, mas calmo e vigilante. Braços movendo-se. Olhos penetrantes, ele examinava a multidão buscando encontrar o rosto certo, esperando que a face que tanto almejava ver aparecesse naquele dia.

Era assim que Simeão vivia e é assim que devemos viver. Como Simeão, ouvimos falar que Jesus vem. Como ele, somos herdeiros da promessa, e o mesmo Espírito que o moveu, certamente nos moverá. Tal qual Simeão, anelamos ver a face do Messias.

De fato, o mesmo verbo é usado mais adiante por Lucas para descrever a postura do servo vigilante:

> Estejam prontos para servir, e conservem acesas as suas candeias, como aqueles que esperam [*prosdechomai*] seu senhor voltar de um

> banquete de casamento; para que, quando ele chegar e bater, possam abrir-lhe a porta imediatamente. Bem-aventurados os servos cujo senhor os encontrar vigiando, quando voltar. Eu lhes afirmo que ele se vestirá para servir, fará que se reclinem à mesa, e virá servi-los (Lc 12.35-37).

Veja como se comportavam os servos: prontos e esperando. Agora veja como reage o senhor. Ele fica tão empolgado em ver que seus servos o aguardam, que Ele mesmo veste-se como um deles, e serve-lhes a mesa! O seu senhor lhes dá uma festa e serve a eles! Por que os servos recebem tanta honra? O mestre tem prazer em saber que seus servos ficam acordados até tarde, esperando que volte da festa. O senhor recompensa aqueles que *aguardam sua chegada*.

Temos aqui duas palavras chaves.

A primeira é *esperar.* Paulo diz: "E se esperamos o que não vemos, é na perseverança que o aguardamos" (Rm 8.25 BJ). Simeão é exemplo para nós. Ele não se deixou conformar com aqueles que diziam "não ainda" a ponto de ignorar "o agora mesmo". Lucas afirma que Simeão era "justo e piedoso" (2.25) Pedro requer de nós a mesma diligência.

"O dia do Senhor, porém, virá como um ladrão. Os céus desaparecerão com um grande estrondo, os elementos serão desfeitos pelo calor, e a terra, com todas as obras que nela há, será desnudada. Visto que tudo será assim desfeito, que tipo de pessoas é necessário que vocês sejam?" (2 Pe 3.10-11).

Boa pergunta. Que tipo de pessoas temos que ser? Pedro diz que devemos viver "de maneira santa e piedosa, esperando o dia de Deus e apressando a sua vinda" (Vv. 11-12).

A esperança do futuro não é permissão para viver irresponsavelmente no presente. Aguardemos com expectativa o dia da vinda do Senhor.

Muitos de nós não temos problema em esperar, ou, eu deveria dizer que esperar *é* o problema? Estamos aguardando, mas não cheios de expectativa. Esquecemo-nos de perscrutar, investigando seu retorno. Temos tanta paciência que nos acomodamos. Estamos satisfeitos. Raramente atentamos para os sinais e mais raramente ainda vamos ao templo. Não permitimos que o Espírito Santo altere nossa agenda, mude nossos planos e nos conduza à adoração a fim de vermos Jesus.

O Senhor Jesus está falando aos que vivem esperando, mas não vigiam o suficiente: "Quanto ao dia e hora ninguém sabe, nem os anjos dos céus nem o Filho, senão somente o Pai. Portanto, vigiem, porque vocês não sabem em que dia virá o seu Senhor. Assim, também vocês precisam estar preparados, porque o Filho do homem virá numa hora em que vocês menos esperam" (Mt 24.36.42,44).

Simeão é o exemplo de alguém que aguarda com expectativa. Pacientemente vigiando. No entanto, uma paciência que não perde a vigilância e uma vigilância que não perde a paciência.

A oração de Simeão, finalmente foi respondida: "Simeão o tomou em seus braços e louvou a Deus, dizendo: 'Ó Soberano, como prometeste, agora podes despedir em paz o teu servo'" (Lc 2.28-29).

Bastou um olhar no rosto de Jesus e Simeão entendeu que era hora de partir. Um olhar no rosto de nosso Salvador e saberemos a mesma coisa.

Capítulo 3

O Berço de Nossa Esperança

Dia de Prova e de Promessa

Cristo levantou-se primeiro; depois, quando Cristo voltar, todo o seu povo viverá de novo
1 Coríntios 15.23 BV

Em 1989 o terremoto que estremeceu a Armênia durou apenas quatro minutos, tempo suficiente para arrasar a nação matando trinta mil pessoas. Logo que cessou o tremor de terra, um pai correu para a escola primária a fim de resgatar o seu filho. Para surpresa sua o prédio desabara nivelando-se ao solo. Observando aquele monte de tijolos, pedras e ferros retorcidos, lembrou-se da promessa que fizera ao filho: "Aconteça o que acontecer, estarei sempre perto de você". Impulsionado pelo que dissera, localizou a área onde ficava a sala de aula e começou a remover os escombros. Vários pais chegaram, chorando por seus filhos. "Tarde demais", diziam. "Eles estão mortos. Nada mais pode ser feito". Até mesmo a polícia o desencorajou a prosseguir.

Mas o pai prosseguiu na busca. Escavou oito, dezesseis, trinta e duas, trinta e seis horas. As mãos sangraram, ficou exausto mas não desistiu. Finalmente, depois de trinta e oito horas exaustivas de trabalho ele afastou uma grande viga de concreto e começou a chamar por seu filho, "Arman! Arman!" Do meio dos escombros seu filho respondeu, "Papai, estou aqui!" O menino acrescentou uma frase que soou aos ouvidos do pai como a mais preciosa de todas: "Eu falei aos outros meninos que não se preocupassem. Falei-lhes que se você estivesse vivo, você viria me salvar, e que, depois que eu fosse encontrado, eles também seriam salvos. Você havia prometido para mim: 'Aconteça o que acontecer estarei sempre perto de você'" [1]

Deus também nos fez a mesma promessa, dando-nos a seguinte garantia: "Voltarei..." Claro, o mundo pode desabar, a terra tremer, mas o filho de Deus não se atemoriza, pois o Pai prometeu estar perto dele.

Será que cremos em sua promessa? Cremos em sua lealdade? Ou existe dentro de nós uma certa reserva se devemos ou não confiar no que disse?

Você, talvez, não tenha dúvida alguma com a promessa feita por Jesus, por isso, se quiser, pode ir para o próximo capítulo. Alguns de nós, no entanto, precisamos de um lembrete. Como ter certeza de que ele fará o que disse? Como saber que ele removerá os escombros, libertando-nos?

Porque já fez isto antes.

Vamos imaginar que estamos vivendo a cena da crucificação. Imaginemo-nos sentados no chão, envoltos pela escuridão total. O silêncio, qual manto nos envolve. Fixe os olhos de seu coração no mundo invisível, vasculhando com eles onde os olhos físicos não conseguem ver.

Vamos à tumba, pois é nela que Jesus está.

O silêncio é perturbador. O frio, sufocador. A morte conseguiu o seu maior troféu. Jesus não está dormindo, descansando ou em coma profunda na tumba escura. Está morto. Seus pulmões não respiram. Seu cérebro morreu. Seus membros enrijeceram. Seu corpo está sem vida e uma pedra é colocada à porta do túmulo, fazendo ecoar um som seco, como o da laje quando se fecha uma sepultura.

Seus algozes estavam certos de que ele morrera. Pilatos, logo que ficou sabendo, perguntou aos soldados se tinham certeza do que diziam. Eles confirmaram. Tivessem visto um músculo contrair-se, um leve gemido e teriam quebrado suas pernas acelerando-lhe a morte. Nem era necessário. A ponta da lança removera-lhes a dúvida. Os romanos conheciam perfeitamente bem sua profissão e seu trabalho estava terminado. Afrouxaram os pregos, abaixaram o corpo e o entregaram a José e a Nicodemos.

José de Arimatéia e Nicodemos, homens que se sentavam como líderes em Jerusalém e eram influentes na cidade; homens de palavra e de autoridade, não ficariam calados e denunciariam prontamente se vissem um músculo de Jesus se mexer. Jesus havia atendido o desejo de seus corações, era a resposta que esperavam, o Messias de Israel. Assim como os soldados queriam ver Jesus morto, eles o desejavam vivo.

Os dois prepararam o corpo para o sepultamento e, enquanto limpavam o sangue da barba de Jesus, almejavam ouvir dele apenas um suspiro! E enquanto enfaixavam suas mãos, quanta esperança numa pequena pulsação. Eles investigavam para ver se havia o menor sinal de vida em Jesus.

E não encontraram.

Fazem com ele o que se deve fazer com qualquer morto. Enrolam-no em lençóis de linho e o colocam numa tumba. No túmulo de José. Soldados romanos vigiam todo movimento dos dois e sequer tiram o olho de onde o corpo está sendo colocado. O selo romano lacra a pedra da tumba. Durante três dias ninguém se aproxima da sepultura.

Amanhece o domingo. Com ele desponta a luz – uma luz na tumba. Luz forte, fraca, piscando ou cintilando? Não sabemos. Mas havia luz. Ele é a luz. E com a luz surge a vida. O céu assopra e Jesus respira. Seu peito enche-se de ar. Seus lábios amortecidos, abrem-se. Os dedos se movem. As válvulas do coração pulsam e as juntas emperradas se mexem.

Ficamos assombrados contemplando a cena.

Admiramo-nos não pelo que vimos, mas pelo que sabemos. Sabemos que um dia, nós também morreremos. Como Jesus, seremos sepultados. Nossos pulmões, como os dele, ficarão sem ar. Nossas mãos, tais quais as dele, ficarão inertes. Mas o ressurgir de seu corpo e o afastamento da pedra geraram o que cremos: "Porque se nos tornamos uma coisa só com ele por uma morte semelhante à sua, sabendo que o nosso velho homem foi crucificado com ele para que fosse destruído este corpo de pecado, e assim não sirvamos mais ao pecado. Mas se morremos com Cristo, temos fé de que também viveremos com ele, sabendo que Cristo, uma vez ressuscitado dentre os mortos, já não morre, a morte não tem mais domínio sobre ele" (Rm 6.5-9 BJ).

Aos crentes de Tessalônica Paulo afirmou: "Se cremos que Jesus morreu e ressuscitou, assim também os que morreram em Jesus, Deus há de levá-los em sua companhia" (1 Ts 4.14 BJ).

E aos crentes de Corinto escreveu: "...em Cristo todos serão vivificados. Mas cada um por sua vez: Cristo, o primeiro; depois quando ele vier, os que lhe pertencem" (1 Co 15.22-23).

Para os apóstolos e a qualquer discípulo de Cristo, a promessa é simples de entender: A ressurreição de Jesus é a prova autêntica, a pré-estréia do que acontecerá conosco.

Podemos confiar na promessa? A ressurreição é uma realidade? A argumentação de que o túmulo estava vazio é verdadeira? Esta não é apenas uma boa pergunta, *é* a grande pergunta, pois Paulo escreveu assim: "E, se Cristo não ressuscitou, é vã a vossa fé, e ainda permaneceis nos vossos pecados" (1 Co 15.17 ARA). Paulo está dizendo que, se Cristo ressuscitou, seus seguidores também ressuscitarão, do contrário são todos uns bobos. A ressurreição, portanto, é a pedra angular da fé cristã. Se a pedra é firme, o portal é confiável. Retire-a e a verdade cairá por terra.

A pedra angular não pode ser removida assim tão fácil, pois se Jesus não está no túmulo, onde foi parar o seu corpo?

Alguns especulam que Ele nunca morreu. Pensaram que morrera mas estava consciente, por isso, acordou e saiu da sepultura. Honestamente, qual a base desta teoria? Jesus foi torturado, seu corpo sofreu os açoites romanos, Ele teve sede, ficou desidratado, seus pés e mãos furados por pregos, e pior, uma lança penetrou seu peito. Alguém suportaria tão grande sofrimento? E se pudesse, como conseguiria remover sozinho a grande pedra colocada à entrada do túmulo, lutar contra cada um dos soldados romanos, e fugir? Impossível. Elimine toda idéia de que Jesus não morreu.

Outros acusaram os discípulos de haverem removido o corpo, insinuando que ressuscitara. Disseram que os discípulos de Jesus, coletores de impostos e pescadores - gente simples – venceram os bem armados soldados romanos, mantiveram-nos longe dali, entraram no túmulo e desataram o corpo enrolado em lençóis, fugindo com ele. Isto seria impossível, e mesmo que tivessem escondido o corpo de Jesus, como explicar o martírio a que se submeteram? Muitos deles foram mortos por causa de sua fé. Morreram por crerem na ressurreição do Senhor. Insinuariam uma ressurreição e morreriam sustentando uma fraude? Creio que não. Temos que concordar com John Stott : "Hipócritas e mártires não são feitos do mesmo material". [2]

Alguns vão mais longe admitindo que os judeus roubaram o corpo. Seria possível que os inimigos de Jesus roubassem o corpo? Talvez. E por que fariam uma coisa dessas se tudo o que queriam era vê-lo morto e sepultado? Mesmo que tivessem roubado o corpo, por que não o expuseram ao povo? Bastaria colocar o corpo do carpinteiro num carro fúnebre desfilando com ele pela cidade de Jerusalém e o movimento de Jesus teria se apagado como tocha jogada no lago. Mas eles não expuseram o corpo morto. Por quê? Porque o corpo de Jesus não estava com eles!

A morte de Cristo foi real. Nem os discípulos, nem tampouco os judeus roubaram seu corpo. Então, onde estará? Bem, nos últimos dois mil anos, milhões de pessoas creram na simples declaração do anjo a Maria Madalena. Vendo que o túmulo estava vazio, e preocupada com o sumiço do corpo de Jesus, ouve do anjo, a grande notícia: "Ele não está aqui: ressuscitou, como havia dito. Vinde ver onde ele jazia" (Mt 28.6 ARA).

Durante três dias o corpo de Jesus não ficou repousando, mas apodrecendo. Seu rosto amoleceu e a pele empalideceu. No entanto, três dias depois o processo foi revertido. Uma agitação tomou conta do sepulcro...e o Cristo vivo saiu do túmulo.

Ao sair do túmulo, tudo mudou, como afirma Paulo: "...como Cristo foi ressuscitado dentre os mortos pela glória do Pai, assim também andemos nós em novidade de vida" (Rm 6.4 ARA).

A ressurreição surgiu como um grande clarão anunciando a todos que é possível crer. É possível crer na justiça, na possibilidade de se ter um corpo eterno, e é também possível crer que o céu será nosso destino final e que a terra é apenas o portal de entrada. A ressurreição tornou possível crer que não seremos mais perturbados por questionamentos e que jamais seremos nocauteados pela dor. É possível, hoje, crer em túmulos abertos e numa eternidade de genuíno louvor.

E por podermos crer na ressurreição, podemos também acreditar no resto da história.

A ressurreição deu início a novas mudanças.

A morte mudou. Antes era o fim, agora, o começo.

O cemitério mudou. Antes as pessoas iam ao cemitério para dizer adeus; agora vão lá para dizer, "até breve".

Até o esquife mudou de aparência. Antes era um caixão onde nosso corpo era lacrado, agora é um casulo onde nosso corpo é guardado até o dia em que Deus nos der asas para voar.

Chegará o dia, disse Jesus, que ele nos libertará. Ele voltará. "Voltarei e os levarei para mim" (Jo 14.3). A prova de suas palavras foi dada quando a pedra rolou e seu corpo ressurgiu.

Ele sabe que um dia este mundo estremecerá uma vez mais e, num piscar de olhos, como o relâmpago que corta o céu de um lado para o outro, Ele voltará. Todos o verão. Você e eu o veremos. Os corpos forçarão a lápide da tumba e surgirão do fundo dos abismos. A terra tremerá, os céus se enrolarão qual pergaminho e os homens se esconderão em cavernas. Nós os que o conhecemos, não teremos medo algum.

Você, como aquele menino armênio, ouviu a promessa do Pai. Você sabe que Deus removeu a pedra – não a pedra do terremoto da Armênia e sim a do túmulo que pertencia a José de Arimatéia. Ao remover a pedra, Ele removeu de nós toda e qualquer dúvida, e nós, como aquele menino podemos acreditar nas palavras do Pai: "Voltarei e os levarei para mim, para que vocês estejam onde eu estiver" (Jo 14.3).

[1] JACK CANFIELD e MARK HANSEN, *Chicken Soup for the Soul* (Canja da Alma) Deerfield Beach, Flórida, Health Communications, 1993, pgs. 273-274

[2] JOHN R.W. STOTT, *Basic Christianity*, Downers Grove, Illinóis. Intervarsity, 1971, pg. 50

Capítulo 4

Nos Braços Calorosos do Pai Amoroso

O Dia do Encontro Feliz

Porque o mesmo Senhor descerá do céu com alarido, e com voz de arcanjo, e com a trombeta de Deus; e os que morreram em Cristo ressuscitarão primeiro. Depois nós, os que ficarmos vivos, seremos arrebatados juntamente com eles nas nuvens, a encontrar o Senhor nos ares, e assim estaremos sempre com o Senhor. Portanto, consolai-vos uns aos outros com estas palavras

1 Tessalonicenses 4.16-18 AC, Fiel

Se você precisa ser lembrado da fragilidade do ser humano, quero que você presencie esta cena interessante. Da próxima vez que você pensar que as pessoas são indiferentes e auto-suficientes, quero que você vá a um lugar especial. Se você pensa que as pessoas estão de coração cada vez mais duro e que as lágrimas são cada vez mais raras, deixe-me levá-lo ao lugar onde os joelhos dos homens tremem e as lágrimas como rios correm da face das mulheres. Quero que você me acompanhe à escola e veja a reação dos pais ao terem que deixar seus filhos para o primeiro dia de aula de suas vidas.

É uma experiência traumatizante. Muito tempo depois de soar a campainha e das aulas haverem começado, os pais permanecem do lado de fora, consolando-se uns aos outros em grupos de auto-ajuda. Os pais sabem que a escola é boa, que os métodos de ensino são bons e sabem também que dentro de quatro horas seus filhos estarão novamente ao lado deles, mas mesmo assim recusam-se a dizer, até logo.

Não é fácil dizer adeus às pessoas que amamos.

Mas o que experimentamos no início do ano escolar não se compara com o que acontece num cemitério. Uma coisa é deixar os familiares em algum prédio das proximidades, outra bem diferente é entregálos a um mundo que desconhecemos e que não podemos descrever.

Não é fácil dizer adeus às pessoas que amamos.

Mas é preciso. Podemos evitar a despedida de todas as formas, relutar em aceitar o fato, mas a morte faz parte real de nossas vidas. Cada um de nós passa pela experiência de largar a mão da pessoa que amamos, entregando-a a alguém que nunca vimos.

Lembra-se da primeira vez que você foi a um sepultamento? A maioria de nós já enfrentou esta realidade. Eu também. Eu estava ainda no terceiro ano primário e ao chegar da escola notei que o caminhão de meu pai estava estacionado em frente de casa. Eu o encontrei no banheiro, fazendo a barba. "Seu tio Buck faleceu hoje", disse-me. Fiquei muito triste. Gostava demais do tio Buck. Não o conhecia muito bem, mas gostava dele. Fiquei curioso também.

No funeral ouvi termos como, *partiu*, *faleceu*, *passou para o outro lado*. Eram expressões que nunca ouvira e fiquei indagando comigo mesmo, *partiu para onde? O que é falecer? Onde fica o outro lado? Quanto tempo vai ficar lá?*

Desde então descobri que eu não era o único com questões deste tipo. Basta falar do retorno de Cristo e alguém pergunta: "E o que acontecerá com aqueles que já morreram? O que acontece com o crente entre a morte e o retorno de Cristo?"

Essas eram as perguntas que os crentes de Tessalônica faziam. Ouça o que Paulo lhes dizia: "Irmãos, não queremos que vocês sejam ignorantes quanto aos que dormem para que não se entristeçam como os outros que não têm esperança" (1 Ts 4.13).

Os crentes de Tessalônica começaram a morrer e os irmãos ficaram preocupados com o fim deles. Paulo quer que os que estão vivos, fiquem tranqüilos com respeito aos que morreram. Muitos de vocês tiveram que sepultar seus entes queridos e, portanto, as palavras que Paulo falou aos crentes de Tessalônica são para vocês também. São palavras de Deus para o seu coração.

Deus está falando a você, que este ano vai celebrar mais uma data de casamento.

Está falando a você, cujo filhinho foi para o céu antes de ir para o jardim da infância.

Se você perdeu alguém vítima da violência, soube mais do que queria sobre determinada doença e se seus sonhos foram sepultados quando o caixão desceu à tumba fria, Deus está falando com você.

Ele fala com todos quantos já estiveram ou terão que pisar na terra fofa do túmulo aberto, confortando-nos com palavras de consolação. Parafraseando em linguagem popular o texto de 1 Tessalonicenses 4.13-14, Paulo está nos dizendo: "Quero que você saiba o que acontece com o crente quando morre, para que, quando isto acontecer, você não fique tomado de tristeza como aqueles que não têm esperança. Se cremos que Jesus morreu e ressuscitou dos mortos, podemos crer que ao retornar, Deus trará mediante Jesus todos os que anteriormente morreram".

Deus muda nossa tristeza e desesperança numa tristeza cheia de esperança. Como? Ele nos afirma que veremos os nossos entes queridos outra vez.

Tenho um amigo, Bob Russel, pregador do Arkansas, cujo pai faleceu recentemente. O funeral foi num dia típico da Pensilvânia, com muito vento, frio e neve. As ruas tomadas de neve impediram que o féretro fosse seguido pela procissão de automóveis, e o chefe da funerária falou a Bob que ele mesmo levaria o corpo até o cemitério. Bob não queria perder o enterro de seu pai, por isso juntamente com seu irmão e seu filho foram seguindo o carro fúnebre dirigindo uma caminhonete com tração nas quatro rodas. Ele descreveu assim, aquele momento:

> Ao entrarmos no cemitério, nossos pés afundaram na neve que ia até os joelhos. Carregando o caixão até o lugar da sepultura, com um vento gélido que soprava a cinqüenta quilômetros por hora, conseguimos, a muito custo, depositar o caixão na cova aberta... Vimos o corpo ser baixado à sepultura e estávamos para abandonar o local, quando senti que faltava alguma coisa. "Precisamos orar", disse aos poucos ali presentes. Nós, os seis homens ali reunidos, abaixamos a cabeça e oramos: "Senhor, este é um dia tão frio, e este um lugar tão solitário..." Fiquei tão chocado que não mais queria orar. Tentei me

recompor e apenas pude balbuciar umas poucas palavras: "Mas te agradecemos por saber que quando estamos ausentes do corpo, estamos seguros em teus braços calorosos". [1]

Não é o que cremos? Assim como os pais precisam saber que seus filhos estão bem protegidos na escola, também queremos saber se nossos entes queridos morreram salvos. Anelamos pela certeza de que a alma vai imediatamente para a presença de Deus. E podemos ter certeza? A Bíblia diz que sim!

As Escrituras silenciam quanto a esta fase de nossas vidas. Sempre que trata do período entre a morte da pessoa e a ressurreição dos mortos a Bíblia não fala muito alto; apenas sussurra. No entanto, no meio do sussurro ouve-se uma voz firme, assegurando-nos que, quando morremos, entramos imediatamente na presença de Deus, gozando da perfeita comunhão com o Pai e com aqueles que partiram antes de nós.

Como afirmar isto? Ouça um dos sussurros:

> Pois para mim o viver é Cristo e o morrer é lucro. Mas, se o viver na carne me dá ocasião de trabalho frutífero, não sei bem o que escolher. Sinto-me num dilema: o meu desejo é partir e ir estar com Cristo, pois isto me é muito melhor (Fp 1.21-23 BJ).

A linguagem aqui sugere uma partida imediata da alma após a morte. Os detalhes da gramática são por vezes tediosos, mas vejamos o que um erudito disse: "Paulo está afirmando aqui, que no momento que partir ou morrer, naquele mesmo instante ele passa a estar com Cristo" [2]

Outra chave vem da carta que Paulo escreveu aos Coríntios: "Entretanto estamos em plena confiança, preferindo deixar o corpo e habitar com o Senhor" (2 Co 5.8 ARA).

Nossos corpos ressuscitarão por ocasião da segunda vinda de Cristo. É claro que Paulo não está se referindo a isto neste versículo, do contrário não teria usado a frase "deixar o corpo". Paulo está descrevendo uma fase logo após a morte e antes da ressurreição de nossos corpos. Durante este tempo estaremos "no céu com o Senhor".

Não foi esta a promessa ouvida pelo ladrão da cruz? Ele suplica: "Senhor, lembra-te de mim, quando entrares no teu reino" (Lc 23.42 AC, Fiel). O ladrão ora para ser lembrado em algum tempo distante quando o reino de Deus vier. Ele não esperava uma resposta imediata, mas o Senhor lhe diz: "Em verdade te digo que hoje estarás comigo no Paraíso" (v. 43). O objetivo desta passagem é mostrar a graça ilimitada de Deus. Uma segunda mensagem, no entanto, é quanto ao traslado do salvo para a presença imediata de Deus. A alma do crente viaja para o céu, enquanto seu corpo aguarda a ressurreição.

Ao ser martirizado, Estêvão viu "os céus abertos e o Filho do homem em pé à destra de Deus" (At 7.56). Na hora da morte, orou: "Senhor Jesus, recebe o meu espírito!" (v. 59). E podemos crer com segurança que foi exatamente o que Jesus fez. O corpo de Estêvão estava inerte, morto, mas seu espírito vivificado. Seu corpo foi sepultado, mas seu espírito foi para a presença do próprio Jesus.

Tem gente que diz que não é assim e propõe um lugar alternativo, o purgatório, lugar intermediário, onde a pessoa fica até que seus pecados sejam todos purgados. Este "purgatório" seria um lugar onde a pessoa ficaria por tempo indeterminado, pagando pelo que fez, a fim de poder apresentar-se diante de Deus purificada.

Duas coisas perturbam-me neste ensinamento. Primeiro. Nenhum de nós consegue suportar as conseqüências de nossos pecados. Segundo, Jesus já pagou o preço por nós. A Bíblia diz que o salário do pecado é a morte, e não o purgatório (veja Rm 6.23). A Bíblia ensina que Jesus tornou-se nosso purgatório e levou sobre si mesmo as nossas culpas, "havendo feito por si mesmo a purificação dos nossos pecados, assentou-se à destra da majestade nas alturas" (Hb 1.3 AC, Fiel). O verdadeiro purgatório aconteceu no Calvário, portanto, não mais existe.

Outros acham que, enquanto o corpo estiver sepultado, a alma está dormindo; tais pessoas têm convicção do que crêem. Sete vezes em duas epístolas diferentes, Paulo usa o termo *dormir* referindo-se à morte (veja 1 Co 11.30; 15.6,18,20; 1 Ts 4.13-15). As pessoas concluem que o tempo entre a morte e o retorno de Cristo é gasto dormindo. (Se esse fosse o caso, quem reclamaria? Aproveitar-se-ia o tempo para descansar!)

Mas existe um problema. A Bíblia fala de alguns que morreram, e não parece que estejam dormindo. Seus corpos estão em repouso, mas suas almas despertadas. Apocalipse 6.9-11 fala das almas dos mártires que clamam por justiça na terra. Mateus 17.3 apresenta Moisés e Elias juntamente com Jesus no Monte da Transfiguração. E que dizer da grande nuvem de testemunhas que nos cerca (Hb 12.1)? Não seriam os heróis da nossa fé e aqueles que tanto amamos que partiram antes de nós?

Creio que sim. E acho que a oração de Bob foi perfeita. Mesmo que o corpo de um ente querido morto repouse numa tumba fria, podemos ter o conforto em saber que eles estão nos calorosos braços de Deus. Nós não gostamos de dizer adeus àqueles a quem amamos.

Quer seja em uma escola ou em um cemitério, a separação é muito difícil. É certo que isto nos faz chorar, mas necessariamente não é motivo para desespero. Eles sofreram aqui. Eles não sofrem lá. Aqui eles tinham lutas e tristezas. Lá eles não têm mais lutas, nem tristezas. Eu e você podemos questionar porque Deus os tirou de seus lares. Mas eles não. Eles compreendem. Eles estão, neste exato momento, desfrutando a paz na presença de Deus.

Havia menos de um ano que eu pastoreava a igreja em San Antonio, quando um dos membros da igreja pediu-me para falar no funeral de sua mãe, Ida Glossbrenner, carinhosamente chamada de Polly.

Enquanto planejávamos o funeral, ele contou-me uma linda história sobre as últimas palavras de sua mãe. Nos últimos dias ela perdera totalmente a fala, mas momentos antes de morrer, abriu os olhos e falou em alto e bom som para que todos ouvissem: "Meu nome é Ida Glossbrenner, mas meus amigos chamam-me Polly".

Palavras sem qualquer sentido? Alucinação? Talvez. Ou quem sabe mais que isto. Possivelmente Ida estivesse na porta de entrada do céu. Seu corpo estava atrás dela. Sua alma na presença de Deus. Ela estava se familiarizando com o local.

Não sei o que aconteceu com ela, mas duma coisa estou certo: quando está frio na terra, consolamo-nos uns aos outros com a certeza de que nossos amados que partem estão nos calorosos braços de Deus. E quando Cristo voltar, Ele também segurará cada um de nós em seus braços.

[1] BOB RUSSEL, *Favorite Stories,* (Histórias Prediletas) Louisville, Ky. The Living Word Ministries, - de uma fita cassete

[2] ANTHONY HOEKEMA, *The Bible and the Future* (A Bíblia e o Futuro) Grand Rapids, Michigan, Eerdmans, 1979 pg. 104. *Analysai* (partir) está no aoristo infinitivo, retratando a momentânea experiência da morte. Ligado a *analysai* pelo artigo singular está o infinitivo presente, *einai* (ser – estar). O artigo singular une os dois infinitivos juntos de tal forma, que as ações retratadas pelos infinitivos formam dois aspectos de um mesmo objeto, como se fossem dois lados da mesma moeda. Paulo está afirmando aqui que no momento de sua partida, naquele exato momento, estará com Cristo. (Aoristo é um tempo de conjugação grega de valor indeterminado – N.T.)

Capítulo 5

Novinho em Folha!

O Dïa do Rejuvenescimento

Cada um, entretanto, por sua vez: Cristo levantou-se primeiro; depois, quando Cristo voltar, todo o seu povo viverá de novo.
1 Coríntios 15.23 BV

Imagine uma cena assim: Você está passando por minhas terras e me vê assentado no meio da lavoura, chorando. (Eu não tenho terras, nem costumo andar pela lavoura, mas siga-me nesta imaginação.) Estou sentado sobre a terra arada e preparada para o plantio, completamente desolado. Intrigado com o que vê, você pergunta o que há de errado. Ergo os olhos tentando ver você por baixo da aba de meu chapéu e mostro-lhe a mão cheia de sementes. Com lágrimas nos olhos, falo: "Meu coração sofre por estas sementes, estou com muita pena delas".

"O quê? Não é possível!"

Entre soluços, explico-lhe. "As sementes serão lançadas nestas covas, depois cobertas de terra; elas morrerão e nunca mais as verei de novo".

Você não entende o que estou dizendo. Olha ao seu redor procurando ver onde está o toco em que tropecei e bati com a cabeça. Você acha que fiquei meio zonzo, e me explica os princípios básicos da agricultura: a semente precisa ser enterrada para que dela nasça uma nova planta.

Perplexo, você bate carinhosamente em meu ombro, consolando-me: "Não lamente o sepultamento da semente. Você não percebe que está prestes a ver um milagre de Deus? Este pequeno grão, regado e cuidado, romperá da terra e florescerá numa explosão de vida, além do que você possa imaginar".

Bem, você não é tão dramático, mas é assim que pensa. Todo agricultor que se lamenta porque a semente foi enterrada na cova, precisa ser lembrado de que a semeadura não é um tempo de tristeza. O mesmo acontece com os que choram na hora do sepultamento de um parente. Precisamos lembrar-nos o que Paulo disse aos crentes de Corinto: "Cada um, entretanto, por sua vez: Cristo levantou-se primeiro; depois, quando Cristo voltar, todo o seu povo viverá de novo" (1 Co 15.23 BV).

No último capítulo vimos o que acontece com o crente entre a morte do corpo e a volta do Senhor. A Escritura afirma que neste período o corpo está morto, mas a alma vive. Este é o período intermediário em que estamos ausentes do corpo, mas habitando com o Senhor (2 Co 5.8).

Depois que morremos, nossas almas vão imediatamente para a presença de Deus, enquanto aguardamos a ressurreição de nossos corpos. E quando será a ressurreição? Você acertou. Quando Cristo voltar. "Mas cada um por sua vez: Cristo o primeiro; depois, quando ele vier, os que lhe pertencem. Então virá o fim" (1 Co 15.23-24).

Este versículo aguça a curiosidade e leva a um bom debate na classe da Escola Dominical. O que Paulo quer dizer com, "os que são de Cristo?" O que irá ressuscitar? Meu corpo? Se for este corpo...eu não gosto dele. Por que não começamos tudo de novo?

Acompanhe-me até a fazenda. Ali teremos as respostas.

Se você ficou impressionado com a alegoria da semente que contei no início do capítulo, quero ser bem honesto: eu a tomei de Paulo, o apóstolo. O capítulo 15 de sua epístola aos Coríntios trata exaustivamente da ressurreição dos mortos. Não estudaremos todo o capítulo, mas alguns versículos isoladamente.

Ele escreve: "Mas alguém pode perguntar: "Como ressuscitam os mortos? Com que espécie de corpo virão?" Insensato! O que você semeia não nasce a não ser que morra. Quando você semeia, não semeia o corpo que virá a ser, mas apenas uma simples semente, como de trigo ou de alguma outra coisa. Mas Deus lhe dá um corpo, como determinou, e a cada espécie de semente dá seu corpo apropriado" (1 Co 15.35-38).

Em outras palavras: Você não pode ter um novo corpo sem que o primeiro morra. [1] Ou, como diz Paulo, "o que você semeia não nasce a não ser que morra" (v. 35).

Um amigo contou-me do paralelo que existe entre semear no campo e sepultar as pessoas, num comentário feito por seu filho que estudava na primeira série. A classe do menino estudava sobre as plantas, quando todos da família compareceram ao funeral de um conhecido. Dias depois, quando passaram perto de um cemitério, o menino lembrou-se das duas coisas, e apontando para o cemitério, exclamou: "Ei, mãe! É ali que plantam pessoas".

Paulo teria gostado da comparação, já que gostaria que mudássemos de idéia sobre nossa maneira de pensar sobre os funerais. O funeral não é um sepultamento, mas uma plantação. O túmulo não é um buraco no chão, mas uma terra arada para o plantio. O cemitério não é o lugar de descanso, mas de transformação.

Muitos não vêem propósito algum com a morte. Acham que é como o buraco negro do espaço sideral – um mistério, um poder consumidor, inexplicável e repugnante. Evite-a, e é isto o que fazemos. Fazemos o possível para viver e não morrer. Deus, no entanto, afirma que temos que morrer para poder viver. Quando semeia-se o grão, ele tem que morrer para poder nascer (v. 35). O que para nós é a tragédia final, para Deus, o triunfo final!

A morte do crente não deveria ser momento de desespero, mas de confiança. Assim como a semente se decompõe na terra, nossos corpos também se transformam no sepulcro. E, como a semente que germina, rasgando a terra com seu rebento, também nossos corpos florescerão num novo corpo. Jesus disse: "Se o grão de trigo não cair na terra e não morrer, continuará ele só. Mas se morrer, dará muito fruto" (Jo 12.24).

Se você permite, quero mudar de metáfora, passando a falar de comida e sobremesa e não de agricultura e plantas. Você não se deixa seduzir por uma boa sobremesa? A dona da casa nos deixa cheios de expectativa, avisando-nos: "Assim que terminarem de comer, tenho uma surpresa para vocês!" Deus diz algo semelhante a respeito de nossos corpos. "Depois que vocês terminarem com este corpo, tenho uma surpresa para vocês!".

Que surpresa é esta? Como será o meu novo corpo? E aqui a analogia da semente volta à cena. Paulo escreveu: "Quando você semeia, não semeia o corpo que virá a ser, mas apenas uma simples semente, como de trigo ou de alguma outra coisa" (1 Co 15.37). Quer dizer: não podemos saber como será o novo corpo olhando para o velho!

Você vai gostar da paráfrase que Eugene Peterson fez de 1 Coríntios 15.37:

> Não existe um diagrama para este tipo de coisa. O que temos é a experiência da agricultura. Você enterra uma semente "morta"; logo aparece uma planta viçosa. Não existe semelhança entre a semente jogada na terra e a planta que nasce. Não se tem idéia do que é um tomate, olhando-se apenas a semente. O que plantamos na terra e depois o que dela nasce, não tem nada a ver com a semente plantada. O corpo que sepultamos na terra e o corpo ressurrecto que daí procede são totalmente diferentes.

Está claro o que Paulo quis dizer. Você não pode imaginar a glória de uma planta observando a semente, nem tampouco visualizar o futuro de seu corpo à luz do corpo atual. Tudo o que sabemos é que este corpo será transformado.

"Vamos, Paulo. Mate esta charada. Dê-nos qualquer dica. Você poderia falar um pouco mais de como será o nosso novo corpo?"

Parece-nos que Paulo esperava por esta pergunta, pois continua com o tema por mais alguns versículos, chegando a um ponto final: Você não pode vislumbrar seu novo corpo, mas tenho certeza que gostará dele.

Paulo fala de três maneiras como Deus transformará nossos corpos. Eles serão transformados da corrupção para a incorrupção - "Semeia-se o corpo na corrupção, ressuscita na incorrupção" (v. 42 ARA). Serão transformados da desonra para a glória – "Semeia-se em desonra, ressuscita em glória" (v. 43 ARA). E finalmente, da fraqueza para o poder – "Semeia-se em fraqueza, ressuscita em poder" (v. 43 ARA).

Corrupção, desonra e fraqueza. Três palavras nada elogiáveis, usadas para descrever nossos corpos. Mas quem pode dizer o contrário?

Julius Schniewind, respeitado erudito bíblico da Europa não se atreveu a tal. Nos dias que antecederam sua morte ele lutou contra as terríveis dores renais. Seu biógrafo conta que, certa noite, depois de terminar seu estudo bíblico, ele vestia seu paletó para voltar para casa, quando sentiu fortes dores renais. Não podendo conter suas dores, deixou escapar um gemido em grego: "*Soma tapeinõseõs, soma tapeinõseõs*". Este estudioso das Escrituras citava as palavras de Paulo "Pois a nossa pátria está nos céus, de onde também aguardamos o Salvador, o Senhor Jesus Cristo, o qual transformará o nosso corpo de humilhação [*soma tapeinõseõs*]" (Fp 3.20-21 ARA).[2]

Você e eu não andamos por aí murmurando palavras gregas, mas sabemos o que é viver num corpo corruptível. Alguns o sabem muito bem! Apenas por curiosidade, fiz uma lista do que ouvi nas últimas vinte e quatro horas a respeito de enfermidades físicas. Eis o que encontrei:

- Um professor foi diagnosticado como tendo o mal de Parkinson.
- Um homem de meia-idade está preocupado com os resultados de seus exames. Amanhã saberemos se tem câncer.
- O pai de um amigo está com dia marcado para uma cirurgia dos olhos.
- Um outro amigo teve um derrame.
- Um pastor morreu depois de quarenta anos de ministério.

Você poderia aumentar a lista? Claro que pode. Na realidade, sinto que Deus quer usar as próximas linhas para falar diretamente com você. Você anda cansado, com o corpo tão desgastado, sente as juntas doendo e os músculos fatigado. Isto possibilita entender porque Paulo comparou o corpo a um tabernáculo, ou tenda. "E por isso, neste tabernáculo (tenda) gememos" (2 Co 5.2). Sua tenda antes era firme, esticada, mas os anos passaram, vieram as tempestades, e a velha lona está cheia de buracos. Enrijecida pelo frio, assolada pelo vento, sua tenda não é mais forte como outrora.

Ou quem sabe sua "tenda", seu corpo, nunca foi saudável, sempre fraco? Você sempre lutou com dificuldades para ver e seus ouvidos nunca captaram bem os sons. Seus passos nunca foram firmes, e seu coração nunca pulsou compassadamente. Você nota que as pessoas ao seu redor esbanjam saúde e você não. Cadeira de rodas, consultórios médicos, quartos de hospitais, agulhas, estetoscópios – você detesta ouvir falar destas coisas. Você daria tudo para ter apenas um dia de vida saudável. Tudo o que você mais almeja é sentir-se bem.

Se isto descreve sua situação, deixe que neste momento Deus ministre ao seu coração. O propósito deste livro é usar o retorno de Cristo para encorajar sua fé. Os que sofrem fisicamente são os que mais precisam de encorajamento espiritual. E os textos que mais encorajam são os de Filipenses 3.20-21. Lemos o versículo 20 alguns parágrafos atrás. Você deve tomar posse do versículo 21: "...que transformará o nosso corpo abatido, para ser conforme o seu corpo glorioso" (Fp 3.21 ARC).

Vejamos o que dizem outras versões:

"...que transfigurará o nosso corpo humilhado, conformando-o ao seu corpo glorioso" (BJ).

"...que transformará nosso mísero corpo tornando-o semelhante ao seu corpo glorioso" (VMM).

"...o qual reformará o nosso corpo abatido, para o fazer conforme ao seu corpo glorioso" (VL).

Apesar de tantas versões, a promessa é a mesma. Seu corpo será transfigurado. Você não receberá um corpo diferente, e sim um corpo renovado. Assim como Deus, de uma pequena semente faz crescer um carvalho, de um bulbo uma tulipa, Ele faz do velho corpo um corpo "novo". Um corpo incorruptível, sem fraquezas e sem desonra. Um corpo idêntico ao corpo de Jesus.

Minha amiga Joni Eareckson Tada aborda o mesmo tema. Nas últimas duas décadas a vida reservou-lhe grandes sofrimentos, depois de ficar quadriplégica ao dar um mergulho com suas amigas nas ondas do mar. Poucas são as pessoas que, como ela, podem afirmar que vivem num corpo de humilhação. No entanto, poucos sabem, como ela, da esperança da ressurreição e do novo corpo que a espera. Ouça suas próprias palavras:

Em algum lugar deste meu corpo quebrado e paralisado está a semente do que serei no futuro. Este meu estado atual de paralisia, de atrofia, sem poder mexer as pernas, torna-se majestosa quando em contraste com o esplendor das pernas que receberei na ressurreição. Estou certa que se houvesse espelhos no céu (por que não?), a imagem que veria seria a da inconfundível "Joni", edição melhorada, revista e atualizada, uma vigorosa "Joni". Não há como comparar...Eu terei um corpo semelhante ao do Senhor Jesus, o homem do céu. [3]

Você quer uma pré-estréia de como será o seu novo corpo? Basta olharmos o Senhor no seu corpo ressuscitado. Depois da ressurreição, e durante quarenta dias, Jesus apareceu aos seus discípulos. O Cristo ressuscitado não estava desencarnado, num estado puramente espiritual. Ao contrário, ele tinha um corpo, um corpo visível que podia ser tocado.

Pergunte a Tomé, o incrédulo, que diante de todos afirmou que "Se eu não vir nas suas mãos o sinal dos cravos, e ali não puser o meu dedo, e não puser a minha mão no seu lado, de modo algum acreditarei" (Jo 20.25 ARA). E que lhe respondeu Jesus? "Põe o teu dedo e vê as minhas mãos; chega também a tua mão e põe-na no meu lado; não sejas incrédulo, mas crente" (v. 27).

Jesus não apareceu como um vulto, um vento ou com o espectro de um fantasma. Ele tinha um corpo físico, semelhante ao corpo que originalmente tivera. Os traços eram os mesmos. Um corpo de carne e ossos. Ele afirmou ao seus discípulos: "Um espírito não tem carne nem ossos, como vocês estão vendo que eu tenho" (Lc 24.39).

O corpo ressurrecto de Jesus, portanto, era real; tão real que andou pela estrada de Emaús, real a ponto de ser confundido com o jardineiro, verdadeiramente real a ponto de comer com os discípulos na Galiléia. Jesus tinha um corpo verdadeiro. [4]

No entanto, o novo corpo de Jesus não era um *clone* do corpo terreno. Diz-nos Marcos que Ele "manifestou-se em outra forma" (Mc 16.12 ARA). Era o mesmo, em forma diferente, tão diferente que Maria Madalena, seus discípulos na Galiléia e os dois que iam para Emaús não reconheceram. Um corpo que podia ser tocado, como no caso de Tomé, e, que ao mesmo tempo, podia passar por uma porta fechada para identificar-se aos discípulos. [5]

Depreendemos disto tudo, que o corpo ressurrecto de Jesus era único, especial, nunca visto no mundo todo.

E o que sabemos do corpo renovado que teremos? Diferente de tudo que imaginamos.

Será que reconheceremos imediatamente uma pessoa no céu? Talvez. Atravessaremos paredes? Existe a possibilidade de fazermos muito mais!

Carregaremos em nosso novo corpo as marcas dos sofrimentos da terra? Boa pergunta. Todos queremos saber se as marcas da guerra, o corpo desfigurado pelas doenças, as marcas da violência ficarão em nosso corpo? Jesus, durante aqueles quarenta dias ficou com as marcas da cruz. E nós, ficaremos com as marcas de nossas feridas? Nesta questão, tudo o que temos são opiniões, mas eu prefiro afirmar que não. Pedro nos diz que "por suas feridas, vocês foram curados" (1 Pe 2.24). Nos registros dos céus apenas um ferimento ficará registrado, digno de ser lembrado por toda eternidade: as feridas de Jesus. As nossas, não!

Deus renovará o seu corpo à semelhança do corpo de Jesus. E que tem isto a ver com o nosso estilo de vida?

Seu corpo, de certa maneira, é eterno. Respeite-o.

Você viverá para sempre neste corpo, com uma diferença. O que é retorcido será endireitado. Os membros que faltam serão acrescentados. Seu corpo será diferente, mas será o mesmo corpo. Este conceito altera o que você tinha em vista? Espero que sim.

Deus tem o corpo de você em alta estima. Você deveria ter também. Não estou dizendo que você deve começar a adorar seu próprio corpo, mas deve respeitá-lo. Afinal, ele é o templo de Deus (veja 1 Co 6.19). Cuide de sua alimentação, com o que você faz com ele e como cuida dele. Você não gostaria de ter nenhum refugo em sua casa, não é mesmo? Afinal, seu corpo pertence a Deus, não é verdade? Um pouco de exercício, uma pequena dieta para a glória de Deus, não vai fazer mal a você. Seu corpo, em certo sentido, permanecerá para sempre. Respeite-o.

E aqui vai um pensamento final.

Suas dores NÃO permanecerão para sempre. Creia-me.

Você sofre de artrites? No céu não sofrerá.

Você anda meio surdo? No céu ouvirá perfeitamente.

O câncer corroeu seu organismo? No céu não existe câncer.

Seus pensamentos estão desordenados e sua memória fraca? Seu novo corpo terá uma nova mente.

Você sente que seu corpo está cada vez mais perto da morte? Deveria sentir. A menos que Cristo volte, seu corpo será sepultado. Como a semente plantada na terra, seu corpo irá para a sepultura. Durante algum tempo ficará no túmulo, mas sua alma no céu. Ali, a semente plantada na terra brotará! Seu corpo e alma se reunirão, e você será semelhante a Jesus.

[1] A menos, é claro, que você esteja vivo quando Cristo retornar, e mesmo assim receberá um novo corpo. Paulo afirma isto em 1 Coríntios 15.51

[2] HANS-JOACHIM KRAUS, *Charisma der Theologie* (Carisma da Teologia), citado por John Piper em *Future Grace* (Graça Futura), Sisters, Oregon, Multnomah Books, 1995, pg. 370

[3] JONI EARECKSON TADA, Heaven: Your Real Home (Céu, o Verdadeiro Lar), Grand Rapids, Michigan, Zondervan, 1995 pg. 39

[4] Lucas 24.13-35; João 20.10-18; 21.12-14

[5] João 20.14; 21.1-4; Lucas 24.16; João 20.26

Capítulo 6

Vestindo Roupas Diferentes

O Dia da Redenção

Filhinhos, agora permaneçam nele para que, quando ele se manifestar, possamos ter confiança e não sejamos envergonhados diante dele na sua vinda.

1 João 2.28

Eu não me gabo de ser um bom jogador de golfe, mas devo confessar que sou apaixonado por golfe. Se você conhece algum curso com doze passos práticos para ser um bom jogador de golfe, inscreva-me. Pago depois. Gosto de jogar golfe, de olhar os outros jogar e sempre que vejo aquela bandeira tremulando perto de um buraco, fico ligado. Chego a sonhar que estou no campo de golfe.

Imagine, então, como fiquei emocionado ao ser convidado para assistir ao Torneio Master de Golfe. Conseguir uma entrada para o torneio é ganhar na loteria, pois os ingressos não são colocados à venda, daí minha grande alegria. O convite foi-me feito por Scott Simpson, um grande jogador de golfe. Cada jogador ganha um certo número de entradas, e ele gentilmente ofereceu-nos duas a mim e à minha esposa.

Vibrando de alegria partimos em direção ao Country Clube Nacional de Augusta, na Geórgia, onde a tradição do golfe é como aquelas barbas de pau penduradas nas árvores. Se existe lugar de tradição no mundo do golfe, este é em Augusta. Ali onde Nicklaus acertou o buraco com uma só tacada. (O autor se refere a Jack Nicklaus que ganhou o torneio aberto dos Estados Unidos em 1962, 1967, 1972, 1980 N.T). Eu pisaria onde pisaram os grandes mestres do golfe americano em toda sua história. Vários jogadores de golfe ganharam placas comemorativas naquele campo. Eu me sentia como um garoto numa loja de guloseimas. Não fiquei satisfeito em andar pelo campo, pisando na verdura da grama, olhando os obstáculos e buracos; eu queria entrar no clube e ir ao camarote dos jogadores. Ali estão os troféus conquistados. Queria ir à sala reservada aos nomes seletos do clube. Ali queria estar.

Mas não permitiram que eu entrasse. Fui barrado na porta pelo guarda. Mostrei-lhe minha entrada, mas o guarda fez sinal que não com a cabeça. Disse-lhe que era amigo de Scott, mas isto não o comoveu. Prometi uma bolsa de estudo para que o filho dele estudasse na universidade, mas ele nem se moveu. "Somente os *caddies* (carregadores de tacos) e jogadores", explicou-me. Bem, ele viu que eu não era jogador nem carregador de tacos. Os *caddies* que ajudam os jogadores nos torneios de golfe têm que usar um avental branco e eu parecia ter saído duma praia do Havaí. Saí desiludido, achando que nunca entraria na sala dos jogadores do clube. Cheguei até a porta, mas não me foi permitido entrar.

Muitas pessoas acham que é isto o que acontecerá com elas, não em Augusta, mas no céu. Temem ser barradas na porta. Um medo legítimo, não é verdade? Estamos falando de um momento crucial. Barrado na porta de um clube de golfe é uma coisa, outra bem diferente é ser barrado na porta do céu.

Eis por que muitas pessoas não querem conversar sobre o retorno de Cristo. O tema as deixa nervosas. São pessoas que têm temor de Deus e freqüentam os cultos, mas ficam nervosas. Existe solução para tanto medo? Você não precisa ficar a vida toda se preocupando se será ou não aceito no céu. Conforme a Bíblia é possível saber de antemão se vamos para lá ou não. "Escrevi-lhes estas coisas...para que vocês saibam que têm a vida eterna" (1 Jo 5.13). Mas, como ter certeza?

O curioso é que a entrada no céu também tem a ver com o tipo de roupa que estamos usando.

Em uma de suas parábolas Jesus conta a história de um rei que planejava a festa de casamento de seu filho. Os convites são entregues mas os convidados "não quiseram vir" (Mt 22.3). O rei insiste, mas os empregados que saíram para entregar os convites são maltratados e alguns mortos. O rei fica furioso e decide matar os assassinos, destruindo-lhes a cidade onde moravam.

A aplicação da parábola não é complicada. Deus havia feito um convite para que israelitas, povo escolhido, fossem seus filhos. Mas estes recusaram. Não somente recusaram. Mataram os servos e crucificaram o Filho. Como resultado, Deus julgou aquele povo. Jerusalém foi destruída e queimada e o povo espalhado entre as nações do mundo.

O rei envia seus mensageiros convidando a todos a comparecerem na festa de casamento de seu filho. Todos poderiam participar – "bons e maus", ou judeus e gentios. É aqui que nós, os não judeus, entramos na parábola: somos os beneficiários de um convite que foi estendido a todos. Quando Cristo voltar, estaremos a postos na entrada do castelo do rei. Mas a história não muda aqui, pois ficar apenas à porta de entrada não é suficiente. É preciso trocar de roupa no grande vestiário. Quando a parábola termina, sente-se um calafrio por todo o corpo.

Vejamos a história a partir do versículo 10:

> E a sala do banquete de casamento ficou cheia de convidados. Mas quando o rei entrou para ver os convidados, notou ali um homem que não estava usando veste nupcial. E lhe perguntou: Amigo, como você entrou aqui sem veste nupcial? O homem emudeceu. Então o rei disse aos que serviam: Amarrem-lhe as mãos e os pés, e lancem-no para fora, nas trevas; ali haverá choro e ranger de dentes (Mt 22.10-13).

Jesus gostava de fins surpreendentes em suas histórias, e este final é assustador. O homem em questão está no lugar certo, cercado pelas pessoas certas, mas vestido de forma errada. E por usar vestes diferentes dos demais foi expulso da presença do rei.

Você indaga: "Mas, Max, roupas erradas? Está me dizendo que Jesus se importa com o tipo de roupas que vestimos?"

Parece que sim. Se quer saber mesmo, a Bíblia expressa claramente o tipo de roupa que Deus quer que usemos.

"Mas vesti-vos do Senhor Jesus Cristo e não procureis satisfazer os desejos da carne" (Rm 13.14 BJ).

"Vós todos sois filhos de Deus pela fé em Cristo Jesus, pois todos vós, vos vestistes de Cristo. Não há judeu nem grego, não há escravo nem livre, não há homem nem mulher..." (Gl 3.26-27 BJ).

Esta vestimenta nada tem a ver com as que usamos aqui na terra, como calças e camisas. Deus está preocupado com nossas roupas espirituais. Ele nos oferece uma roupagem celestial que somente o céu pode oferecer e que pode ser vista apenas lá. Ouça as palavras de Isaías: "Regozijar-me-ei muito no Senhor, a minha alma se alegra no meu Deus; porque me cobriu de vestes de salvação, e me envolveu com o manto de justiça, como noivo que se adorna de turbante, como noiva que se enfeita com as suas jóias" (Is 61.10 ARA).

Foi isto o que fez o pai ao receber em casa o filho pródigo. Lembra-se? Ele mandou que o calçassem com sandálias, que dessem a ele um novo anel, e o que mais? Novas vestimentas. "Tragam a melhor roupa e vistam nele" (Lc 15.22), ordenou o pai. Nenhum de seus filhos deveria andar vestido maltrapilho. O pai queria que o filho vestisse a melhor roupa disponível.

Deus quer o mesmo para você.

Volto a repetir que este tema nada tem a ver com as roupas que você compra numa loja, e sim com o que Deus tem para você, depois que você deu tudo a ele. Deixe-me explicar.

Depois que aceitamos a graça de Deus, recebemos o perdão dos pecados e tornamo-nos discípulos de Cristo, um milagre ocorre em nossas almas. Somos colocados "em" Cristo. O apóstolo Paulo descreve a si mesmo como "um homem em Cristo" (2 Co 12.2), e refere-se aos seus companheiros de ministério como "meus colaboradores em Cristo Jesus" (Rm 16.3). A maior das promessas é dada, não aos ricos e sábios, mas àqueles que estão "em Cristo". "Portanto, agora já não há condenação para os que estão em *Cristo Jesus*" (Rm 8.1 – grifo do autor). João exorta-nos assim: "Filhinhos, agora permaneçam nele para que, quando ele se manifestar, possamos ter confiança e não sejamos envergonhados diante dele na sua vinda" (1 Jo 2.28).

Qual o sentido de estar "em Cristo"? Aquela minha tentativa de entrar no camarote dos jogadores, expressa bem a verdade. Por que usamos roupas? Porque há partes de nosso corpo que precisam ser protegidas.

Acontece o mesmo com nossas vidas espirituais. Você quer que Deus o veja sem roupa? Não. Tremeríamos diante dele se isto ocorresse! Como tentar entrar no céu mostrando todos os nossos erros? "A sua vida está escondida com Cristo em Deus" (Cl 3.3), diz Paulo.

Vejamos o assunto por outro ângulo. Precisamos imaginar a reação dos céus ao virem uma pessoa entrando ali sem as vestimentas de Cristo. Só para entender melhor, tomemos como exemplo uma pessoa decente, normal... Vamos chamá-la João Decente. João, dentro de nossos parâmetros, faz tudo correto. Ele paga impostos, paga as contas em dia, cuida de sua família e submete-se aos seus superiores. É um bom homem. Se tivéssemos que vesti-lo, compraríamos para ele um terno branco.

Os céus, no entanto, o vêem noutra perspectiva. Deus vê o que você e eu não vemos. Nosso amigo João Decente também erra no seu dia a dia. E cada vez que peca, um pingo de sujeira aparece em sua roupa. Por exemplo, ele exagerou ao falar a verdade para seu patrão no dia de ontem; sua roupa ficou maculada. Ele acrescentou alguns centavos no seu relatório de despesas financeiras. Outra mancha. Seus colegas de trabalho zombavam do novo funcionário; ele, ao invés de deixar a sala, contou umas que outras. Outra mancha. Do nosso ponto de vista são coisas insignificantes. Mas e que diz Deus? Como Ele vê estas coisas? Deus vê que o sujeito está metido em confusão e erro.

Se João Decente não mudar também nestas áreas, será o homem da parábola, comparecendo às bodas sem as vestes nupciais. A veste nupcial, percebe-se, é a justiça de Cristo, e se João Decente comparecer à presença de Cristo vestido de sua própria retidão, ao invés da bondade de Cristo, ouvirá o que o homem da parábola ouviu: "Amigo, como você entrou aqui sem veste nupcial?... então o rei disse aos que serviam: Amarrem-lhe as mãos e os pés, e lancem-no para fora, nas trevas; ali haverá choro e ranger de dentes" (Mt 22.12-13).

E o que acontece se João Decente trocar de roupas? E se ele concordar com Isaías, que as nossas justiças são como "trapos imundos" (Is 64.6 BV)? Chegando-se a Cristo, ele suplica de todo coração, "Senhor, toma minhas roupas sujas. Veste-me com tua graça!" E começa a cantar o velho hino:"Vivo feliz, pois sou de Jesus, e já desfruto o gozo da luz...Canta minha alma, canta ao Senhor" [1]

Caso proceda assim, os céus testemunharão o momento em que Jesus remove suas manchas e coloca sobre ele o manto da justiça. A partir daí João veste as roupas nupciais.

Um outro hino diz: "Alvo mais que a neve! Sim, nesse sangue lavado, mais alvo que a neve serei" [2]

Deus só faz uma exigência para entrarmos no céu: que estejamos vestidos com as vestes de Cristo.

O Senhor Jesus descreve assim os habitantes do céu: "...e comigo andarão de branco, porquanto são dignas disso. O que vencer será vestido de vestes brancas, e de maneira nenhuma riscarei o seu nome do livro da vida; e confessarei o seu nome diante de meu Pai e diante dos seus anjos" (Ap 3.4-5 ARC).

Os anciãos são descritos assim: "Ao redor do trono há também vinte e quatro tronos e assentados neles vinte e quatro anciãos vestidos de branco, em cujas cabeças estão coroas de ouro" (Ap 4.4 ARA).

E como se vestem os anjos? "Os exércitos do céu o seguiam, vestidos de linho fino, branco e puro, e montados em cavalos brancos" (Ap 19.4).

Todos se vestem de branco: Os santos, os anciãos, os exércitos. E qual a cor da veste de Jesus? Branca?

Você pensa que sim, pois, de todos, o mais digno de vestir-se de branco seria o Senhor Jesus, mas não de acordo com a Bíblia. "Vi o céu aberto e diante de mim um cavalo branco, cujo cavaleiro se chama Fiel e Verdadeiro. Ele julga e guerreia com justiça. Seus olhos são como chamas de fogo, e em sua cabeça há muitas coroas. Ele possui um nome que ninguém conhece, a não ser ele mesmo. Está vestido com um manto tingido de sangue, e o seu nome é a Palavra de Deus" (Ap 19.11-13).

Por que o manto de Cristo não é branco? Por que sua capa tem mancha? Porque suas vestes foram banhadas em sangue? Deixe-me responder lembrando a você o que Jesus fez por nós. Paulo simplesmente diz que ele tomou o nosso lugar (Gl 3.13).

Ele fez mais do que tirar nossas vestes imundas; ele as vestiu por nós. Ele usou nossas vestes de pecado na cruz e ao morrer, seu sangue foi derramado sobre nossos pecados. Por seu sangue fomos purificados. Por isso, quando Cristo voltar, não seremos despedidos na porta. Não precisamos temer.

A propósito de ser barrado na porta, você quer saber o que aconteceu depois no campo de golfe? Acho que você está curioso para saber se entrei ou não nos vestiários. Quer saber? Entrei!

Um dia antes de começar o torneio, os jogadores de golfe competem numa partida de exibição onde apostam entre si quantas tacadas cada um dará para acertar a bola em determinado buraco do campo de golfe. Seria como bater pênaltis no futebol. Neste dia os profissionais de golfe costumam dispensar seus carregadores e convidam um amigo ou membro da família para carregar o saco de tacos e bolas. Bem, Scott convidou-me para ser seu carregador. "Mas você terá que usar o avental branco", avisou.

Você acha que recusei? *Fiquei rindo por dentro!*

Depois que a partida terminou dirigi-me para o clube e, diante da mesma porta e do mesmo guarda, entrei no recinto sagrado dos jogadores. O que fez a diferença? Um dia fui barrado e proibido de entrar, no outro deixaram-me entrar livremente. Por que a mudança?

Simples. Eu estava usando as roupas certas!

[1] FANNY CROSBY, Segurança (Cantor Cristão 375)

[2] H.M. WRIGHT (Em vários hinários)

Capítulo 7

Quem É Quem no Pódio dos Vencedores!

O Dia do Galardão

Bem-aventurado o servo a quem seu senhor encontrar fazendo assim quando voltar.
Mateus 24.46

Julho de 1994. O grande estádio de Los Angeles, palco dos grandes acontecimentos esportivos dos Estados Unidos, local onde ocorrem as grandes decisões do futebol americano, está lotado para a grande final. Mas não uma final de futebol americano, com bola oval, e jogadores que mais parecem ter saído de uma nave espacial. É a final do campeonato mundial de futebol entre Brasil e Itália. Um dos times sairia vencedor e levaria a taça!

A expectativa é grande entre os milhares de torcedores que, desde cedo, lotam as arquibancadas do estádio, assobiando, cantando, tocando tambores, cornetas e levantando, cada torcida, a bandeira de seu país. Viam-se tremulando as bandeiras da Itália e do Brasil. Viam-se também tremulando aqui e acolá bandeiras dos times onde o seleto grupo joga em seus países. Um bilhão de pessoas no mundo todo estava de olho na tevê. É domingo e as ruas ficam desertas no Brasil e na Itália.

Depois de noventa minutos de jogo a partida está empatada. Os dois times vão para a prorrogação. O tempo de trinta minutos se esgota e a decisão vai para os pênaltis. O melhor goleiro e o melhor batedor podem trazer a glória e triunfo para seu país, ou podem deixar escapar a taça das mãos. Os jogadores do Brasil e da Itália revezam-se na cobrança dos tiros livres. Tafarel defende o chute de Baresi. A torcida vibra. O Brasil marca. Nova vibração. Bágio, jogador da Itália bateu o pênalti e a bola subiu muito alto passando por cima do travessão defendido por Tafarel. Vitória do Brasil.

Os jogadores se emocionam. Vibram. Tafarel aponta para o céu. O povo vibra. A torcida canta. O Brasil é campeão. É a hora dos louros, das medalhas, da taça.

Quantas vezes você sonhou que gostaria de estar ali, na marca do pênalti, numa decisão, acertando o canto do goleiro? Seu nome aplaudido em todo estádio, nas manchetes de jornais, na tevê? Quem não gostaria de ser aplaudido por alguma conquista, seja no futebol, nas artes ou em qualquer campo de atividade? Ganhar o prêmio Pulitzer? Cantar na Broadway? Ser um Pelé da vida? Quem não gostaria de comandar uma frota de navios, ou receber o prêmio Nobel?

Você já entrou no campinho de futebol do bairro, com uma bola nas mãos, acalentando o sonho de um dia ser astro de futebol? Alguns anos mais e...o jogador do campo de areia do subúrbio entra no Maracanã para sua grande estréia. Olha eu aqui, gente!

Mas nem todos conseguem a fama e a glória. Para alguns, o sonho se desvanece como névoa no amanhecer e logo trocam o fardamento por uma raquete de tênis; a bola por uma mochila. E conformados com a sorte saem à cata de emprego. É compreensível. Nem todo mundo consegue jogar num grande time, menos ainda numa copa do mundo. São milhares os jogadores que tentam, mas apenas alguns conseguem! Alguns de nós jamais bateremos um pênalti, beijaremos a taça, receberemos a medalha de ouro, daremos autógrafos ou acenaremos para a torcida.

E a vida é assim mesmo. Entendemos que na economia da terra, poucos recebem a coroa.

A economia dos céus, no entanto, é completamente diferente. O galardão celestial não é reservado a poucas pessoas, "mas também a todos os que amam a sua vinda" (2 Tm 4.8). Esta palavra de cinco letras é uma preciosidade. *Todos*. O círculo dos vencedores não está reservado a uma pequena elite, e sim a uma multidão de filhos de Deus que receberão "a coroa da vida que Deus prometeu aos que o amam" (Tg 1.12).

Dos lábios de Jesus ouvimos promessa similar: "Bem-aventurado o servo a quem seu senhor encontrar fazendo assim quando voltar" (Mt 24.46). Aqui está um indicativo de recompensa ou galardão.

A promessa ecoa pelas epístolas: "Porque...o Senhor recompensará a cada um pelo bem que praticar, seja escravo ou livre" (Ef 6.8).

E a recompensa é vista também nas bem-aventuranças: "Alegrem-se e regozijem-se, porque grande é a recompensa de vocês nos céus" (Mt 5.12).

Há muitas coisas que não sabemos sobre a vida futura, mas de uma coisa estamos certos: o dia da volta de Cristo será um dia de recompensa, de galardão. Aqueles que viveram completamente ignorados na terra, serão reconhecidos no céu. Os que nunca ouviram os aplausos humanos, serão aplaudidos pelos anjos. Filhos que nunca foram abençoados por seus pais, receberão a bênção do Pai celestial. O humilde será enaltecido. O esquecido, lembrado. O desapercebido será coroado e o fiel, honrado. Os gritos de vivas que o time de futebol do Brasil ouviu no estádio quando ganhou a copa não pode ser comparado com os gritos de celebração que ouviremos na presença de Deus. Aqueles jogadores ganharam bastante dinheiro. Nós receberemos a coroa – não apenas um coroa, mas três! Vejamos as coroas que receberemos.

A coroa da vida. "Bem-aventurado o homem que persevera na provação, porque depois de ser aprovado receberá a coroa da vida que Deus prometeu aos que o amam" (Tg 1.12).

Esta seqüência de palavras o ajudará a apreciar um pouco mais a eternidade: O céu será maravilhoso, não por causa das coisas que existem, mas por aquelas que não existem. Como se estivéssemos juntos, vamos repetir: *O céu será maravilhoso, não por causa das coisas que existem, mas por aquelas que não existem.*

Enquanto escrevia o que via no céu, o apóstolo João fez questão de mencionar as que não existiam. Você se lembra da famosa lista do "não mais haverá"? Deus "enxugará dos olhos toda lágrima. Não haverá mais morte, nem lamento, nem choro, nem dor, pois a antiga ordem já passou" (Ap 21.4).

Percebeu o primeiro "não haverá"? *Não haverá mais morte.* Você consegue imaginar um mundo sem morte, onde a vida é para todo sempre? Se conseguir, então você captou a idéia do que é o céu. Os cidadãos dos céus possuem a coroa da vida.

O que você tem feito para evitar a morte? Um monte de coisas, por certo. Você ingeriu pílulas, tomou injeções, esquivou-se de comer o pedaço de torta, evita os produtos gordurosos, cuida do triglicerídio e do colesterol. Por que? Para que tanto esforço? Porque quer ficar vivo. No céu você não precisa se preocupar com essas coisas.

Na realidade não haverá preocupações no céu. Algumas mamães se preocupam com o filho. No céu não se preocuparão. No céu não haverá dor. Alguns têm medo de envelhecer. No céu isso não existe. Seremos jovens e fortes para sempre. Vocês viajantes preocupam-se se o avião pode cair. Pelo que saiba no céu não haverá aviões. Se existem, não caem. E se caem, ninguém morre. Portanto, não se preocupem.

Machuquei a coluna no último verão. Nada sério, mas fiquei apreensivo. Eu queria ficar em forma, por isso comecei um regime, a meu ver, rigoroso. Minha musculatura ficou fortalecida, perdi peso, e passei a sentir-me muito bem. Estava começando a imaginar-me entre os profissionais do esporte, fazendo levantamento de pesos, remodelamento físico, quando quase perdi tudo. Uma mulher invadiu o sinal vermelho e quase atropelou-me. Escapei por pouco. Minha psique escultural poderia ter sido atropelada! Enquanto corria pela avenida este pensamento bobo veio-me à mente: *Esta é a recompensa que mereço por todos estes exercícios? Quero dizer: corro, tenho uma dieta balanceada, levanto pesos, e poderia ter morrido num segundo, sem culpa alguma!*

Assim é a vida, não é mesmo? Somos criaturas frágeis. Claro que minha experiência é pequena comparada com a dos outros. Pense na mamãe que dá à luz uma criança morta. No homem que dá duro, paga a previdência pensando na aposentadoria, e um câncer põe tudo a perder. Pense no atleta que se esforça, e dias antes da prova fica inválido. Não somos feitos de aço; somos feitos de barro. E aqui nesta vida não somos coroados com a vida, mas com a morte.

A vida futura, no entanto, será diferente. Jesus exortou os crentes de Esmirna a permanecerem fieis: "Sê fiel até a morte e dar-te-ei a coroa da vida" (Ap 2.10 ARA).

Vejamos outra coroa que vamos receber no céu.

A coroa da justiça. "Combati o bom combate, terminei a corrida, guardei a fé. Agora me está reservada a coroa da justiça, que o Senhor, justo juiz, me dará naquele dia; e não somente a mim, mas também a todos os que amam a sua vinda" (2 Tm 4.6,8).

A palavra *justiça* define-se por si mesma. Ela simplesmente quer dizer relacionamento correto com Deus. O apóstolo Paulo almejava o dia quando receberia a coroa da justiça. Agora, quem estuda atentamente a Escritura pode perguntar: Mas não fomos todos feitos justiça de Deus? Alguns minutos atrás li um capítulo onde o autor afirmava que, no momento que nos convertemos, recebemos a vestidura da justiça de Deus. Você está certo!

Por que receberemos uma coroa da justiça? O que acontece no céu que não aconteceu na terra? A pergunta é bastante apropriada e pode ser respondida usando-se a analogia da adoção, a favorita do apóstolo Paulo.

Na época em que vivíamos no Rio de Janeiro, hospedávamos em nossa casa vários casais de americanos que vinham ao Brasil na esperança de adotar uma criança. Ficavam dias, às vezes semanas, vivendo em meio a um povo com cultura e idioma diferentes. Enfrentavam a burocracia do governo e pagavam altas taxas na esperança de adotarem uma criança e poderem levá-la legalmente para os Estados Unidos.

Em alguns casos, os papéis para adoção ficavam prontos antes mesmo da criança nascer. Por questões financeiras o casal voltava para os Estados Unidos, e ficava lá aguardando até que a criança viesse ao mundo. Imagine a situação deles: os documentos estavam prontos, o pagamento havia sido feito, mas a criança ainda não nascera. Tinham que esperar que a criança nascesse, antes de poderem retornar ao Brasil, reclamando seus direitos de pais adotivos.

Foi isso também que Deus fez por nós. Ele penetrou em nossa cultura, enfrentou todo tipo de resistências, e pagou o alto preço exigido por uma adoção. Legalmente lhe pertencemos. Ele tem direito sobre nós e temos todos os privilégios de um filho, mas aguardamos apenas que ele retorne. Estamos, como disse Paulo, "esperando ansiosamente nossa adoção como filhos" (Rm 8.23).

Temos o relacionamento correto agora; estamos vestidos de Cristo, mas quando Ele voltar, confirmará nossa posição de filhos para com Ele. Nossa vestimenta estará pronta e receberemos a coroa da justiça. Seremos restabelecidos à mais perfeita comunhão com Deus.

Pense no que isto significa. O que impede as pessoas de terem um relacionamento com Deus? O pecado. E se o céu é a esperança de um relacionamento correto com Deus, o que está faltando lá? Acertou. Lá não há pecado. A morte e o pecado serão coisas do passado.

Isto é um bom negócio? Creio que sim. Momentos atrás imaginávamos um mundo sem morte, façamos o mesmo com o pecado. Você pode imaginar um mundo sem traços do pecado? O pecado atrapalhou você nestes últimos dias?

Você pode sentir o estigma do pecado em sua vida. Murmuração. Preocupações. Reclamações. Você acumulou em vez de compartilhar; despediu o pobre vazio ao invés de ajudar. Isolou-se em vez de participar. Estas coisas não acontecerão no céu.

O pecado é a causa do abuso sexual sofrido pelas crianças, e pelo abandono dos velhos pela sociedade. O pecado leva as pessoas a blasfemarem contra Deus e faz com que o uso de drogas seja apreciado. Ele também é a causa da miséria de muitos e do enriquecimento de poucos. Faz com que crianças jamais conheçam seus pais e que maridos abandonem suas esposas. No céu, no entanto, o pecado não existirá; sua peçonha será aniquilada para sempre.

Ele é a causa de tanta dor de cabeça, da volubilidade das pessoas, da falta de compromisso, e de palavras empenhadas jamais cumpridas. Siga o rastro de seus vícios e eles terminarão no pecado, nele também estão as causas da desconfiança, da intolerância, do fanatismo, do roubo e do adultério. Mas, no céu, nada disto existirá.

Você consegue imaginar um mundo sem pecado? Então você captou o que é o céu.

Vamos apresentar de forma prática a promessa da coroa de justiça. Alguém, buscando uma resposta sincera, fez uma pergunta a respeito da eternidade que nos deixou a todos intrigados. Tinha a ver com sua ex-mulher. Depois de divorciados, ambos conheceram a Cristo separadamente, no entanto as coisas andavam azedas entre eles. Ele queria saber como reagiria ao vê-la no céu.

"Você vai se sentir muito bem", respondi, "e terá imenso prazer em vê-la no céu." Por quê? Pela simples razão de que o causador de todos os problemas e mal-estar entre os casais é o *pecado*. Se ele não mais existe, nenhuma tensão existirá. Nenhum problema haverá entre os antigos cônjuges, entre brancos e pretos, assassinos arrependidos e as vítimas de assassínios.

A belíssima profecia de Isaías 11 tornar-se-á realidade. Ela afirma que "o lobo morará com o cordeiro, e o leopardo se deitará junto ao cabrito; o bezerro, o leãozinho e o gordo novilho andarão juntos, e um menino pequeno os guiará" (11.6 BJ).

Quase mil anos depois desta promessa, João falou algo similar. O céu é um lindo lugar, diz ele, não por aquilo que existe, mas por aquelas coisas que não existem ali, pois "Deus enxugará dos seus olhos toda lágrima. Não haverá mais morte, nem choro, nem dor, pois a antiga ordem já passou" (Ap 21.4).

João poderia ter acrescentado à sua lista uma infinidade de coisas. Se no céu não há pecado, então lá não haverá mais ____________________________. Você mesmo pode preencher na linha em branco o que você crê que não haverá mais no céu. Não haverá mais aspirina, nem quimioterapia, nem cadeiras de rodas, divórcio nem tão pouco prisões ou desilusão amorosa. Não haverá mais membros quebrados ou amputados nem acidentes de carro.

A coroa da vida indica que não haverá mais morte. A coroa da justiça, que não haverá mais pecado. E a coroa de glória indica que nunca mais seremos derrotados.

Vejamos agora esta última coroa.

A coroa de glória. "Quando se manifestar o supremo Pastor, vocês receberão a imperecível coroa de glória" (1 Pe 5.4).

É bom saber que muitos jogadores que chegam a uma final de copa do mundo quase desistiram no meio do caminho. As dificuldades para conseguir colocação num grande time, o desafio de ser aceito pelos donos dos clubes, sem apadrinhamento algum, fez com que muitos deles pensassem em "jogar a toalha". Alguns romperam tendões, operaram meniscos, quebraram as pernas, mas conseguiram reabilitar-se a tempo de jogar uma final.

O que faz um atleta ser perseverante? O sonho. Ele crê que pode chegar lá. E muito antes que seu nome entre para a glória ao lado de gente famosa como Pelé e Garrincha, muito antes de conseguir sair do campinho do bairro e entrar no grande estádio, o atleta sabe que pode conseguir. Ele sonha com uma grande final, sonha com o seu nome nas manchetes, sonha com a fama. Ele olha para o alvo sabendo que, se lá chegar, receberá a justa recompensa.

Gostaria de encerrar este capítulo com uma palavra especial a alguém muito importante. Alguns de vocês jamais ganharam uma taça em sua vida. Bem, quem sabe você ganhou uma placa ou medalha de honra ao mérito por servir água e gelo aos jogadores do campeonato de sua escola, mas isto é tudo. Você nunca fez grandes conquistas e vê surpreso os Pelés da vida acumulando troféus. Você "quase" conseguiu, ou "se não fosse...".

Se é isto o que você diz, então quero compartilhar uma promessa com você. "Quando se manifestar o supremo Pastor, vocês receberão a imperecível coroa de glória" (1 Pe 5.4).

Seu dia haverá de chegar. O reconhecimento que você não recebeu do mundo, o troféu que nunca conseguiu na terra, você receberá das mãos de seu Pai celestial. Paulo nos acena com a seguinte promessa: "Nessa ocasião, cada um receberá de Deus o seu louvor" (1 Co 4.5).

Que frase tremenda! "*cada um receberá de Deus o seu louvor*". Não os melhores, nem alguns, mas todos serão recompensados por Deus.

Você não ficará de fora. Deus fará questão de ver você, pois é Ele quem entrega pessoalmente os troféus, nunca através de terceiros. Ele não delega a ninguém, seja a Miguel ou a Gabriel, pois nenhum deles o coroará senão o próprio Senhor. Ele, pessoalmente, colocará em sua cabeça a coroa que você merece!

E a melhor notícia: a entrega é individual! Paulo diz: "Cada um receberá de Deus o seu louvor" (1 Co 4.5). O troféu não será entregue coletivamente a uma equipe ou a uma nação, a uma igreja ou a uma geração. As coroas serão entregues individualmente. Deus se chegará a você, olhará em seus olhos e o abençoará com estas palavras:

"Muito bem, servo bom e fiel! Você foi fiel no pouco; eu o porei sobre o muito. Venha e participe da alegria de seu senhor!" (Mt 25.23).

Com isto em mente, deixe-me dizer, irmão: Fique firme! Jamais desista. Nunca olhe para trás. Ouça Jesus falando com você, dizendo: "Venho em breve! Retenha o que você tem, para que ninguém tome a sua coroa" (Ap 3.11).

Capítulo 8

Faríamos Tudo de Novo

Um Dia Repleto de Surpresas

Pois quem é nossa esperança, alegria ou coroa em que nos gloriamos perante o Senho Jesus na sua vinda? Não são vocês?

1 Tessalonicenses 2.19

Durante a Segunda Guerra Mundial, Oscar Schindler entrou para os anais da história por algumas coisas que fez. Mulherengo e beberrão, subornava os membros do partido nazista, e, no entanto, escondia no fundo de seu coração uma pérola preciosa, que era sua compaixão pelos judeus condenados de Krakow na Polônia.

Aqueles que Hitler perseguia para matar, Schindler os empregava na fábrica para salvar. Ele não podia salvar a todos, apenas alguns, por isso fez o que podia. Aquela que seria uma fábrica que lhe daria muitos lucros, tornou-se um refúgio para mil e cem afortunadas almas, cujos nomes ele escreveu em sua lista – a lista de Schindler.

Se você viu o filme com este título, se lembrará do final da história. Com a derrota dos nazistas a coisa mudou de rumo. Agora Schindler era caçado, e os prisioneiros libertados. Temendo ser preso, tentou escapar furtivamente durante a noite, mas ao aproximar-se de seu automóvel, Oscar Schindler fica surpreso com o que vê: os trabalhadores de sua fábrica estão postos alinhados nos dois lados da rua. Estavam ali para agradecer ao homem que salvou suas vidas. Um dos judeus entrega a

Schindler uma carta de agradecimento elogiando-o por seu esforço em salvá-los, assinada por cada pessoa sobrevivente. Recebe também de presente um anel feito do ouro, retirado do dente de um dos trabalhadores. No anel, os trabalhadores esculpiram uma frase do Talmude: "Aquele que salva uma única vida, salva o mundo todo".

Naquele momento, sob um céu noturno que regorjeava de alegria, Schindler é cercado pelos judeus libertados. Ali, diante dele, perfilando de rostos alegres, maridos e esposas, pais e filhos, reconhecem o que Schindler fez por eles, e sabem que jamais esquecerão tudo aquilo!

O que se passou na mente de Schindler naquele momento? Que emoções vêm à mente de uma pessoa quando está face a face com aqueles que ela salvou da morte?

Um dia descobriremos. Schindler contemplou diante de si o rosto daqueles que ele salvou; nós também passaremos pela experiência. Schindler ouviu satisfeito e emocionado a gratidão daquelas pessoas; nós passaremos pela mesma experiência. Ele deparou-se diante de um grupo de redimidos; nós teremos a mesma experiência diante de Jesus Cristo.

Quando ocorrerá? Quando Cristo voltar. A promessa de 1 Tessalonicenses 2.19 não é exclusiva de Paulo. Explico. "Pois quem é nossa esperança, alegria ou coroa em que nos gloriamos perante o Senhor Jesus na sua vinda? Não são vocês?".

Fazia cerca de seis meses que Paulo, Timóteo e Silas haviam partido de Tessalônica onde ficaram três semanas pregando o evangelho. Numa frase, Lucas fornece um quadro do que teria acontecido na cidade: "Alguns dos judeus foram persuadidos e se uniram a Paulo e Silas, bem como grande número de gregos tementes a Deus, e não poucas mulheres de alta posição" (At 17.4).

Um grupo diversificado participou do primeiro culto daquela igreja: Judeus, gregos e mulheres influentes na sociedade. Todos foram convencidos de que Jesus era o Messias. E tiveram que pagar um alto preço por sua fé. Literalmente. O grupo de crentes foi arrastado à presença das autoridades da cidade e teve que pagar fiança para continuar em liberdade. Paulo, Timóteo e Silas fugiram da cidade ajudados por aqueles irmãos.

Paulo continua viagem, mas parte de seu coração ficou em Tessalônica. A igreja é ainda tão nova, frágil, mas muito especial. Paulo sente uma pontinha de orgulho só em lembrar-se daqueles irmãos. "Sempre damos graças a Deus por vocês, mencionando-os em nossas orações" (1 Ts 1.2). Sonha em vê-los novamente, e mais, com o dia em que todos verão a Cristo.

Parafraseando o texto de 1 Tessalonicenses 2.19 Paulo está dizendo assim: "Vocês são nossa esperança, alegria ou coroa em quem nos gloriamos diante de nosso Senhor Jesus no dia de sua vinda". O versículo retrata a mesma coisa que Schindler viu naquela noite diante daqueles que ele salvou. É o encontro entre os libertados e aquele que os libertou; momento em que os salvos encontram-se com a pessoa que os levou à salvação.

Neste caso é Paulo que encontrará os tessalonicenses, e com que alegria escrutinará a face de cada um deles! Eles o encontrarão e ele os verá de novo; é o momento em que os salvos encontram seu libertador.

Imagine-se fazendo a mesma coisa, e pense no dia quando Cristo voltar. Ali está você, com um novo corpo, no meio de um grande grupo de remidos. Sua mente foi totalmente transformada e aquilo que você em parte compreendia, pode ver de forma clara e real. Você não sente medo, não tem sensação de perigo, nem sente tristeza. Mesmo apinhado no meio de uma multidão, é como se você e Jesus estivessem sozinhos frente a frente.

Estou apenas especulando, mas imagino que o Senhor faz a você uma pergunta surpreendente. Ele lhe diz: "Que bom que você se entregou em minhas mãos, e deixou que eu usasse sua vida. Por sua causa outras pessoas estão aqui neste momento. Você quer encontrá-las?"

Você ficaria surpreso diante de tal situação, pois uma coisa é Paulo ouvir tais palavras, ele era um apóstolo; os missionários que foram a outros países pregar o evangelho ou aqueles famosos evangelistas podem ouvi-las. Mas nós?

Muitos de nós nem imaginamos o poder de nossa influência. (Melhor assim, senão ficaríamos orgulhosos.) Faríamos a mesma pergunta de Mateus 25.37: "Senhor, quando...?"

Naquele momento – e veja que estou apenas especulando – Jesus vira-se para a multidão e pede que ela se aproxime. Com suas mãos sobre os seus ombros, Ele pergunta: "Há alguém aqui que foi influenciado por este filho meu?" Uma por uma, saindo do meio da multidão as pessoas começam a aproximar-se de você.

Um deles é aquele velho rabugento que morava no apartamento ao lado. Você nem imaginava que ele pudesse estar ali. "Você nunca notou", diz ele, "mas sua vida impressionou-me, e por sua causa estou aqui".

Surge diante de você um grupo de umas seis pessoas. Tomando a palavra e falando pelos demais, um deles diz a você: "Você muito nos ajudou quando éramos jovens. Você não falava muito, mas acolheu-nos em sua casa e ali em sua sala de estar convertemo-nos a Cristo".

E você continua ouvindo. Um operário notou que você controlava seu temperamento. Uma recepcionista ressaltou que você a saudava cada manhã.

Nem passou pela sua mente que alguém que você visitara no hospital estava ali. Você estava visitando um amigo seu e ele estava na cama ao lado. Aproveitando a ocasião, você o encorajou e confortou o coração dele. Admirado que um estranho viesse dar-lhe atenção, encontrou a Cristo.

Você fica maravilhado vendo gente de todas as nações. Você, que nunca viajou para a Ásia, África ou América Latina encontra pessoas de todos os continentes: canbojanos, nigerianos, colombianos. É gente que você influenciou, lembra-lhe o Senhor, através dos missionários que você ajudou. Você sempre ofertava aos missionários que vinham à sua igreja ou à sua casa, e achava até que tinha um "grude" por missionários, pois todos o procuravam. Você sempre dizia: "Não posso ir; mas posso contribuir". Agora você compreende. Era o Espírito Santo que o impulsionava a tal, e por ser obediente à sua voz, Utan, convertido a Cristo lá do Camboja quer lhe agradecer; Kinsley da Nigéria e Maria da Colômbia unem-se a ele.

Em pouco tempo um grande grupo cerca você e o Senhor; alguns você conhece; outros não. Mas por todos você tem o mesmo amor. Você experimenta o sentido do que Paulo disse aos tessalonicenses: "Pois quem é nossa esperança, alegria ou coroa em que nos gloriamos perante o Senhor Jesus na sua vinda? Não são vocês?" (1 Ts 2.19).

O prazer que você sente não é orgulho, tipo "olha o que fiz, gente", mas uma alegria indizível que vem do Senhor: "Bem está, servo bom e fiel..."

Um momento! Ainda não terminou. O melhor Jesus deixou para o fim e creio que é isto que Ele faz também no céu. Você já viu seus vizinhos, seus colegas de profissão, pessoas que desconhecia, estrangeiros, mas há ainda um grupo que quer lhe agradecer. A multidão abre espaço para que você veja.

Sua família.

Sua esposa é a primeira a abraçar-lhe. Vocês chegaram a pensar que não conseguiriam cumprir a tarefa da vida familiar, mas agora ela sussurra em seus ouvidos, "Obrigado por nunca desistir de mim".

E vêm seus pais, não aquelas criaturas frágeis e velhas como vistas da última vez, mas pessoas robustas e renovadas. "Estamos orgulhosos de você", dizem. Logo a seguir, aparecem seus filhos; crianças que você dedicou tanto cuidado e por quem tanto orou. Eles o agradecem sem parar. Sabem agora da dificuldade que você enfrentava, e como era duro educá-los.

E, por último, faces que você nunca viu, mas agora você fica sabendo que são os seus descendentes na terra, netos, bisnetos, trinetos e descendentes que não param mais de chegar. Como os demais agradecem-lhe pelo legado de fé que você deixou.

Obrigado, dizem.

Será que tudo o que descrevi é verdadeiro? Não sei se é verdadeiro, mas se for, podemos ter certeza de duas coisas: Primeiro, a grandeza e glória daquele momento vai além da imaginação, pois diz a Escritura: "Nem olhos viram, nem ouvidos ouviram, nem jamais penetrou em coração humano o que Deus tem preparado para aqueles que o amam" (1 Co 2.9). Possivelmente o que descrevi se enquadra no que os olhos não viram!

Segundo, se este tipo de encontro ocorrer, você não lamentará o sacrifício feito pelo reino, nem as horas gastas no serviço de Cristo. Você não se arrependerá. O dinheiro que você deu? Você daria mais, se tivesse. As horas gastas ajudando os pobres e consolando o perdido? Você faria tudo de novo.

Oscar Schindler faria tudo de novo. Imaginamos o que teria Schindler pensado naquele momento e como se sentiu vendo a alegria das pessoas que salvou. A última cena do filme dá uma idéia do que aconteceu. Ali, na presença dos sobreviventes, ele enfia a carta no bolso do casaco. Aceita o anel e olha no rosto de cada pessoa. Aproxima-se de Isaac Stern, o capataz da fábrica e diz algo numa voz tão baixa que Stern pede que ele repita. Ele o faz. "Poderia ter feito mais", diz, apontando para um automóvel que poderia ter vendido: "Com ele teria libertado dez prisioneiros". O pino de ouro na lapela do paletó poderia ter libertado mais dois. Naquele momento a vida de Schindler ficou reduzida a um único valor. Esqueça o lucro; a fábrica não tem mais sentido, e todas as lágrimas derramadas e o pesadelo da tragédia são reduzidos a uma única verdade: Pessoas. Somente um coisa tem valor: Pessoas!

Gostaria que você sentisse a mesma coisa. Bem, não se lastime, no céu não há arrependimento. A bondade de nosso Deus não nos permitirá lembrar das oportunidades perdidas, permite-nos, entretanto ver aqueles que conquistamos para Deus! Naquele momento ao vir o triunfo de Cristo, estou certo que faríamos tudo de novo. E melhor!

Você trocaria fraldas, consertaria os carros, arrumaria o telhado, porque um simples olhar no rosto daqueles que você salvou o levaria a fazer tudo de novo!

E o faria de todo coração!

Capítulo 9

O Último Dia do Mal

O Dia da Verdade

O diabo, que os enganava, foi lançado no lago de fogo que arde com enxofre, onde já haviam sido lançados a besta e o falso profeta. Eles serão atormentados dia e noite, para todo o sempre.

Apocalipse 20.10

O apogeu de minha carreira como ator aconteceu quando eu tinha nove anos de idade. Sentia imenso orgulho em ser membro do *Coral Meninos de Odessa*, grupo coral composto de trinta meninos pré-adolescentes, rigidamente escolhidos, cujas apresentações davam-se sempre em reuniões de senhoras e nos encontros do Lions Club local. Nosso uniforme era feito de um lindo paletó verde e calças pretas. Costumávamos entrar nas reuniões, marchando e cantando: "Aqui estamos para alegrar...". Lawrence Welk sentiria orgulho de nós.

Nosso grande show se deu no meu segundo ano como membro do coral. O departamento teatral da escola precisava de alguns jovens para serem os Munchkins [N.T] na encenação de *O Mágico de Oz*. Gostaríamos de participar? Claro! Ficamos super empolgados! Era uma possibilidade de dizer adeus àquelas reuniões de senhoras. Fomos tomados por aquela sensação de gritar: "Sai da frente Broadway. Aqui vou eu!"

Nossos pés de Munchkins nunca pisaram no palco, até o dia em que ensaiamos com as vestimentas apropriadas, pois os ensaios eram por partes e em diferentes lugares. Nós do coral aprendemos nossa participação independentemente do grupo teatral da escola. Nunca vimos a Dorothy, nem o Espantalho, o rei Leão, o Homem de Lata e muito menos qualquer coisa do Mágico.

Isto era de suma importância, porque eu, especialmente, nada sabia do roteiro, nem do desenvolvimento da história. Você acha que todo mundo conhecia a estrada de tijolos amarelos da história? Não eu. Quando era criança, *O Mágico de Oz* aparecia uma vez por ano na tevê, nos domingos à noite. Meus amigos, toda a escola, e acho que o mundo todo ficava em casa e assistia ao *O Mágico de Oz* na tevê. E eu? Não senhor! De forma alguma. O culto da igreja era no domingo à noite e eu tinha que ir para ouvir um daqueles pregadores que diziam nada com nada. . . (Desculpe. Acho que preciso de cura interior!)

Preciso explicar que eu ouvia falar de *O Mágico de Oz* mas nunca havia visto ou lido a história, por isso desconhecia totalmente seu conteúdo. Participei dos ensaios da parte que teria que apresentar no palco, mas não conhecia o fim da história. Já que ensaiávamos separadamente do elenco, eu achava que nós (o *Coral Meninos de Odessa*) fossemos o elenco principal. Claro, ouvi o diretor falar de papel coadjuvante, mas achei que eles eram os coadjuvantes e nós o elenco principal. A cidade de Odessa, Texas, viria *en masse* para ver os Munchkins, não todos os Munchkins, mas – ver principalmente eu – o Munchkin!

Veja bem, estou tentando uma forma de falar humildemente (é difícil). Eu era um Munchkin especial e fazia parte da Turma do Pirulito. Aqueles que conhecem bem o filme irão se lembrar que havia dois coros menores dentro do coral principal dos Munchkins. Havia a turma do Clube do Pirulito e a turma da Liga da Cantiga de Ninar. Demonstrando grande talento, nós, os três Munchkins, aproximamonos de Dorothy, a menina do Kansas, e a homenageamos com um presente. Naquele momento cantamos: "Em nome do reino queremos dar-lhe as boas-vindas à terra dos Munchkins."

Quando ensaiamos sem as roupas teatrais, nunca progredimos na peça, consequentemente, meu conhecimento era bem limitado. Eu achava que a encenação terminava com a entrega do presente a Dorothy. Chegava a sonhar imaginando a multidão ovacionando a Max Munchkin, gritando o meu nome, enquanto Dorothy se inclinava diante de mim. Os caçadores de astros estariam de olho em mim, Hollywood abriria suas portas e a Broadway ofereceria um cachê ainda maior para que eu ali me apresentasse. Eu seria catapultado ao estrelato.

Imagine o meu desapontamento quando descobri a verdade. Estávamos no palco, fazendo a apresentação com todo o elenco. Nós da Turma do Pirulito cantamos e ao invés das cortinas fecharem-se e abrirem-se como nos encerramentos de peças teatrais, o diretor pediu que saíssemos depressa do palco, elogiando nossa apresentação: "Bom trabalho Munchkins". Fiquei petrificado: "Quer dizer que o show continua sem mim?" E era verdade, a peça teatral continuou sem qualquer participação minha.

A bruxa malvada surge no meio de uma explosão de fumaça, soltando uma gargalhada sinistra. Ela corre de um lado ao outro do palco, com sua capa esvoaçante e o bastão cortando o ar, deixando-me totalmente boquiaberto. Imagine o medo que senti. Nem precisavam dizer-me que eu tinha que parecer medroso; quem tem medo da bruxa malvada? Eu nem sabia que ela existia!

Não teria sentido medo, é claro, se conhecesse toda a história.

Toda essa explicação tem como objetivo expor o seguinte: Podemos cometer os mesmos erros na vida, como eu no palco. Se não estivermos familiarizados com o final da história, podemos ficar amedrontados durante a apresentação. Por isso é bom saber o último ato.

Uma das razões por que as pessoas têm medo da vinda de Cristo é pela presença do próprio Satanás. É compreensível, pois palavras como "Armagedom", "lago de fogo" e "besta" trazem medo ao mais corajoso dos homens. Aqueles que não conhecem a Deus têm seus motivos de medo, no entanto, os que conhecem o Senhor não deveriam ficar com medo. Basta que leiam a parte final do manuscrito que trata do diabo. "O diabo, que os enganava, foi lançado no lago de fogo que arde com enxofre, onde já haviam sido lançados a besta e o falso profeta. Eles serão atormentados dia e noite, para todo sempre" (Ap 20.10).

O final da cena não é mistério; Deus quer que vejamos o quadro todo. Ele quer que saibamos quem é o vencedor e também que a maldade que presenciamos nos palcos da vida não são tão poderosas quanto pensamos.

São muitos os textos bíblicos que argumentam a favor desta verdade, mas os dois que mais aprecio foram registrados por Lucas. Na noite anterior à sua morte, Jesus está no cenáculo com seus discípulos e lhes dirige a palavra. Todos estão perplexos pela declaração de Jesus de que um deles o trairia. Os discípulos se defendem argumentando uns com os outros e a argumentação deles leva Jesus a exortá-los para que vivam como servos uns dos outros.

Depois, numa mudança brusca de atitude, Jesus fixa os olhos em Pedro e faz uma declaração inquietante: "Simão, Simão, Satanás pediu você para peneirá-lo como trigo. Mas eu orei por você, para que a sua fé não desfaleça. E quando você se converter, fortaleça os seus irmãos" (Lc 22.31-32).

Esta passagem abre diante de nós uma fresta através da qual podemos ver o mundo espiritual. O texto levanta muitas interrogações, mas também traz muita certeza quanto a quem está no comando. Deus está no controle e segura o diabo com rédeas curtas. Você notou o verbo que vem logo após o nome de Satanás? *Pediu*. "Satanás pediu..."

O diabo não pôde exigir, resolver ou decidir. Ele pediu. Assim como pediu a Deus permissão para tentar a Jó, pediu permissão para tentar a Simão Pedro. Diante de nós vem a velha imagem da serpente, não é mesmo? Ao invés do poderoso Darth Vader de Gloom, temos uma imagem de um cão magricela, que late mas não morde, que mete o rabo no meio das pernas a uma ordem de Deus. "Eu...é...eu gostaria de ....bem...de tentar a Pedro – isto é, se tu deixares". A cadeia de comando é clara: Satanás nada faz sem que Deus esteja no controle, e Deus usa o diabo para acelerar as causas de seu reino. [1]

Por que não perguntamos a alguém que sabe?

Julie Lindsei trabalhava no turno da noite num hotel ao sul de Montgomery, no Alabama. Aquele emprego de tempo parcial era um dinheirinho extra que a ajudava pagar os estudos. Crente fiel e devotada, Julie viu sua fé sendo testada quando, sob a mira de revólveres, dois homens a forçaram a entrar em sua caminhonete. Eles roubaram tudo o que ela tinha, a violentaram várias vezes e a deixaram amarrada a uma árvore. Foi socorrida ao redor de duas horas da manhã.

Aquele pesadelo deixou-a desolada. Perdeu todo ânimo, foi despedida do trabalho e teve que sair da escola. Em suas próprias palavras, ficou "arrasada, perdida e perplexa."

Uma experiência assim é como uma peça de quebra-cabeça que não se encaixa em nossa teologia. Como uma tragédia destas pode fazer parte do plano de Deus? Julie encontrou a resposta a esta interrogação. Ela diz:

> Depois disto fiquei muito tempo pensando em Deus...Orei e busquei entender o que se passou. Precisava de cura...Meu espírito e minha fé foram provados até o limite da resistência. Minha jornada espiritual nos meses seguintes foi dolorosa, mas também maravilhosa.
>
> Deus me levou a tirar proveito desta terrível experiência e ensinou-me lições maravilhosas. Minha vida, agora, tem tantas coisas boas. Tenho ótimos amigos, muitos dos quais jamais teria conhecido se não fosse por causa desta experiência. Meu emprego permite-me trabalhar e ajudar pessoas vítimas de crimes. Tenho um profundo relacionamento com Deus e estou mais amadurecida e com maior conhecimento espiritual. Tenho sido abençoada além do que conto nestas páginas, e sou muito agradecida. Romanos 8.28 é um texto que constantemente surge-me à mente: "Sabemos que todas as cousas cooperam para o bem daqueles que amam a Deus, daqueles que são chamados segundo o seu propósito" (Rm 8.28 ARA). Por isso, pergunto a você: Quem venceu? [2]

Julie vive ministrando às pessoas vítimas da violência social a respeito da misericórdia de Deus e da cura divina. Imagine como o diabo fica furioso ouvindo um testemunho deste! O mal que ele queria fazer, Deus tornou em bem. Sem saber, Satanás ajudou a causa de Cristo a avançar através desta serva. Ao invés de destruir um discípulo, ele o fortaleceu.

Tenha isto em mente da próxima vez que o mal ostentar sua fúria contra você no palco da vida. Lembre-se, o ato final já foi escrito, e o mal terá seu fim, no dia quando Cristo voltar.

Enquanto isto – enquanto aguardamos o retorno de Cristo – podemos estar cientes de algumas coisas:

Jesus intercede por nós. Estas palavras proferidas por Jesus têm um sentido muito forte. "Simão, Simão, Satanás pediu você para peneirá-lo como trigo" (Lc 22.31). Numa tradução livre poderíamos dizer assim: "Satanás vai bater em sua cara tal qual um agricultor bate o feijão depois de colhido". Você gostaria que Jesus tivesse dito a Pedro: "Caia fora da cidade!", "esconda-se!" ou ainda, "engrene uma quinta marcha e corra antes que seja tarde demais"?

Jesus não entra em pânico e demonstra muita serenidade. "Mas eu orei por você, para que a sua fé não desfaleça. E quando você se converter, fortaleça os seus irmãos" (v. 32).

Percebe a serenidade na voz de Jesus? Perdoe-me, mas seria como dizer na língua do povo: "Cara, o diabo está a fim de você, mas não esquente; fique frio. Ele que se acalme".

A questão central é a seguinte: Jesus falou e o diabo ouviu. Ele pode dar um soco ou dois; pode até ganhar alguns *rounds,* mas nunca ganhará a luta. Por que? Porque Jesus garante por você. Você apreciará a maneira como esta verdade aparece no livro de Hebreus: "Mas visto que vive para sempre, Jesus tem um sacerdócio permanente. Por isso ele é capaz de salvar definitivamente aqueles que, por meio dele, aproximam-se de Deus, pois vive sempre para interceder por eles" (Hb 7.24-25).

Outras traduções rezam assim:

"Vivendo sempre para interceder por eles" (ECA).
"Visto que ele vive para sempre para interceder por eles" (BJ).
"Vivendo sempre para interceder por nós" (VL).
"Porque vive sempre para interceder em seu favor" (VMM)

Paulo diz a mesma coisa na epístola aos Romanos: "Mas o próprio Espírito intercede por nós..." (Rm 8.26). E no versículo 34: "Foi Cristo Jesus que morreu; e mais, que ressuscitou e está à direita de Deus, e também intercede por nós".

Neste exato momento Jesus está cuidando de você. Você pode se sentir como um Munchkin no palco diante de uma perversa bruxa, mas não se preocupe. O mal precisa passar por Cristo antes de poder tocar em você. "E Deus não permitirá que vocês sejam tentados além do que podem suportar" (1 Co 10.13).

"Vemos, portanto, que o Senhor sabe livrar os piedosos da provação" (2 Pe 2.9), e Ele livrará a sua vida também. Todos seremos resgatados no dia quando Cristo voltar. Podemos enfrentar as dificuldades com coragem, pois Jesus intercede por nós. Uma outra fonte de coragem é a promessa de que venceremos.

Nós prevaleceremos. "E quando você se converter...", foram as palavras de Jesus a Pedro. Ele não disse "*Se* você se converter" ou "*caso* você se converta". Ele disse: "Quando você se converter". Jesus não é inseguro e nem poderia ser, e fez com Pedro o que eu gostaria que alguém tivesse feito comigo, o Munchkin. Jesus disse a Pedro qual era o final da história.

Suponhamos que você estivesse assistindo à peça de *O Mágico de Oz* e tivesse observado aquele menino de olhos arregalados e de cabelos cor de fogo escondendo-se da bruxa. E suponhamos que você ficasse com pena dele, o que teria feito? O que você teria dito para acalmá-lo?

Fácil. Você contaria a ele o resto da história. "Entenda, Max, a bruxa apronta alguns problemas; Dorothy e os rapazes também enfrentam problemas. O espantalho pega fogo, mas no fim, Dorothy joga um balde de água para apagar o fogo e acerta na bruxa que se derrete no chão como cera quente. Depois, todos são salvos e Dorothy volta para o Kansas".

Não é mais ou menos isto que Deus nos diz sobre o fim de Satanás? Leia outra vez as palavras de João: "O diabo, que os enganava, foi lançado no lago de fogo que arde com enxofre, onde já haviam sido lançados a besta e o falso profeta. Eles serão atormentados dia e noite, para todo o sempre" (Ap 20.10).

Deus não faz mistérios. Ele avisou que, enquanto andamos na estrada de tijolos amarelos, enfrentaremos problemas. As doenças incomodarão, o divórcio trará suas amarguras, a morte fará suas vítimas e a miséria continuará em muitas nações. Isso é o que nos espera. Mas só porque o diabo faz suas diabruras, não precisamos entrar em pânico. "Neste mundo vocês terão aflições; contudo, tenham ânimo! Eu venci o mundo" (Jo 16.33).

Nosso Senhor está falando de uma obra já feita. "eu venci o mundo". Está consumado. A batalha terminou. Esteja alerta, mas não alarmado. A bruxa não tem poder. O manuscrito está acessível a todos. O livro está terminado. Satanás está livre por um certo tempo; mas é um tempo curto. O diabo sabe disto. "Ele está cheio de fúria pois sabe que lhe resta pouco tempo" (Ap 12.12). Algumas cenas, umas curvas a mais pela estrada de tijolos amarelos, e o fim virá.

E nós os Munchkins veremos o final de tudo.

N.T Os Munchkins eram pessoas pequeninas que habitavam uma cidade. No filme, Judy Garland ainda menina estreou no papel de Dorothy. Na história de O Mágico de Oz, Dorothy tem que seguir pela estrada de tijolos amarelos até a terra de Oz.

[1] Escrevi sobre este tema com mais detalhes em *The Great House of God. No capítulo 13 deste livro trato um pouco mais desta verdade.*

[2] JOE BEAM, *Seeing the Unseen* (Vendo o Invisível), West Monroe, La. Howard, 1994, pg. 230

Capítulo 10

Contabilizando a Graça de Deus

O Dia do Perdão Eterno

Pois nos dias anteriores ao dilúvio, o povo vivia comendo e bebendo, casando-se e dando-se em casamento, até o dia em que Noé entrou na arca; e eles nada perceberam, até que veio o dilúvio e os levou a todos. Assim acontecerá na vinda do Filho do homem.

Mateus 24.38-39

Minha esposa e eu reservamos a manhã de um sábado para acompanhar um torneio de voleibol da escola, onde nossa filha participava. O primeiro jogo foi às oito da manhã e o segundo às onze horas. Entre os dois jogos, a mãe de uma das alunas, convidou-nos para tomar o café da manhã no seu restaurante. Não em qualquer restaurante, mas no restaurante "dela". Essa era uma oportunidade que não podia ser desperdiçada e lá fomos nós, umas doze pessoas, tomar café de graça!

Era uma cafeteria *self-service* e formamos uma fila, todos com prato e bandeja na mão. Todos, menos a dona do restaurante. Ela ficou ao lado da caixa registradora para certificar-se de que não pagaríamos a conta. A funcionária contabilizava o gasto de cada pessoa e o "pendurava", por isso nenhum de nós gastou um centavo. Sempre que um de nós chegava ao caixa, nossa anfitriã dizia à funcionária: "Este eu conheço; faz parte da minha turma. Já está pago". Como é bom conhecer a pessoa certa!

Imagine o que aconteceu aquela manhã. Nossa anfitriã foi enaltecida por sua gentileza e, a cada débito pago, um outro aspecto de sua generosidade era revelado. Assim, os que a conheciam foram recompensados. Nossas bandejas estavam cheias e logo, logo, nossos estômagos! Por quê? Bem, porque aceitamos seu convite. Os que não a conheciam tiveram que pagar o preço estipulado. Apesar de sua generosidade abundante, ela expressou seu carinho a apenas algumas pessoas.

Seria estranho analisar um convite para se tomar o café da manhã; poderão pensar que estou insinuando que gostaria de ser convidado para outro café, ou que pretendo chegar a algum ponto. E o que quero mesmo, é chegar a um ponto (e o café da manhã é uma boa explicação). O que vimos naquele sábado de manhã é um exemplo do que acontecerá quando Cristo voltar.

O dia que Cristo voltar será um dia de juízo, quando três coisas marcarão aquele momento.

Primeiro. A revelação da graça de Deus. Nosso anfitrião receberá todo crédito e atenção.

Segundo. Será o dia da recompensa a todos os seus servos. Os que aceitarem seu convite serão particularmente honrados.

Terceiro. Os que não o conhecem, pagarão o preço. Um preço muito alto! Em Mateus 24.38-39 Jesus se refere ao preço que será pago: "Pois nos dias anteriores ao dilúvio, o povo vivia comendo e bebendo, casando-se e dando-se em casamento, até o dia em que Noé entrou na arca; e eles nada perceberam, até que veio o dilúvio e os levou a todos. Assim acontecerá na vinda do Filho do homem".

Para explicar como será o dia de seu retorno, o Senhor Jesus referiu-se aos acontecimentos dos dias de Noé, e os paralelos saltam-nos aos olhos. Naquela ocasião Noé proclamou que o juízo de Deus viria sobre a terra; mensagem que está sendo proclamada também em nossos dias. Naquele tempo ninguém prestou atenção ao que Noé pregava; o mesmo acontece em nossos dias. Noé foi enviado para proclamar libertação àqueles que cressem; Cristo também. O dilúvio veio sobre todos como demonstração do juízo de Deus; o fogo consumirá a terra no futuro. Noé construiu um lugar seguro feito de madeira; Jesus fez da cruz um lugar seguro. Os que creram esconderam-se na arca; os que cremos escondemo-nos em Cristo.

E o mais importante: O que Deus fez nos dias de Noé, fará quando Cristo voltar. Ele proclamará seu juízo universal e irreversível; um juízo que destacará a graça inefável de Deus, em que as recompensas serão anunciadas e os impenitentes punidos. Não encontramos a palavra *juízo* quando lemos a história de Noé, mas o dilúvio é uma evidência do juízo de Deus.

A Escritura descreve assim os dias de Noé: "A terra, porém, estava corrompida diante da face de Deus; e encheu-se a terra de violência" (Gn 6.11 ARC). Uma rebelião que contristou o coração de Deus. "E isso lhe pesou no coração" (Gn 6.6 ARA). Ele enviou o dilúvio poderoso e purificador sobre toda a terra. Quarenta dias de chuvas intermitentes. "As águas cresceram, e engrossaram prodigiosamente por cima da terra e todos os mais elevados montes, que há debaixo do céu, ficaram encobertos. Tendo a água chegado ao cume dos montes, elevou-se ainda por cima deles quinze côvados" [NT](Gn 7.19-20 VL). Somente Noé, sua família e os animais escaparam. Todos os demais pereceram. Deus não bateu com o martelo sobre a tribuna, mas fechou a porta da arca. Jesus disse que "assim acontecerá na vinda do Filho do homem" (Mt 24.39). E o juízo é iminente.

Este é um assunto que mexe com as emoções e deixa as pessoas tomadas de ansiedade! O próprio termo, *dia do juízo,* traz à memória um tribunal, onde as pessoas sentam-se diante de um imponente juiz. Sobre a tribuna, um livro, e atrás dela, Deus está sentado. Sua voz ecoa pelo tribunal – Culpado! Ai! Você acha que podemos encorajar uns aos outros com tais palavras? Um julgamento não expressa outra coisa a não ser pânico. Especialmente para os despreparados. Os seguidores de Jesus que conhecem a sentença final, no entanto, nada têm a temer. Podemos até mesmo antecipar o que ocorrerá naquele dia.

A seguir, vamos responder algumas perguntas importantes.

Quem será julgado? Todos. Conforme Mateus 25.32, "todas as nações serão reunidas em sua presença" (ARA). Em 2 Coríntios 5.10 Paulo escreve: "Pois todos nós devemos comparecer perante o tribunal de Cristo". Assim como toda a terra foi submetida a juízo nos dias de Noé, toda a humanidade enfrentará o juízo no dia quando Cristo voltar.

Este tema levanta uma série de dilemas, um dos quais é: E aqueles que nunca ouviram falar de Cristo? E quanto aos que viveram antes de Cristo ou que nunca ouviram o evangelho? Serão todos julgados também? Sim, mas por padrões diferenciados.

As pessoas serão julgadas na base da luz que tiveram, não na base da luz que nunca viram. Uma pessoa que vivia no meio da selva e que nunca ouviu falar de Jesus receberá um julgamento diferente daquele que em algum momento ouviu o evangelho pelo rádio ou abriu a Bíblia indiferentemente.

Jesus trata da questão tecendo crítica feroz às cidades de Corazim e Betsaida.

> Então Jesus começou a denunciar as cidades em que havia sido realizada a maioria dos seus milagres, porque não se arrependeram. Ai de ti, Corazim! Ai de ti, Betsaida! Porque se os milagres que foram realizados em vós tivessem sido realizados em Tiro e Sidom, há muito tempo elas teriam se arrependido com roupas de saco e com cinza. Mas eu vos digo: no dia do juízo haverá menor rigor para Tiro e Sidom do que para vós (Mt 11.20-22).

A expressão que usamos, "escapei por pouco" é muito interessante. Nem todos serão julgados pelo mesmo padrão. Quanto maior nosso privilégio, maior também as responsabilidades. Corazim e Betsaida conheceram a verdade, viram o bastante, por isso esperava-se mais dessas cidades. Elas ouviram o evangelho e o rejeitaram. "A estrada mais triste para o inferno é aquela que passa sob o púlpito, pela Bíblia e em meio a advertências e convites" [1]

Por outro lado, Tiro e Sidom não tiveram o privilégio daquelas cidades e não viram tanto; por isso pouco se espera delas. Tomando as palavras de Cristo, tais cidades "escaparão por pouco". Com base em qual princípio? O julgamento de Deus tem como base a resposta da humanidade à mensagem que lhe foi pregada. Ele não nos responsabilizará por aquilo que não ouvimos.

Reconhecemos que o Senhor nunca nos permite morrer sem nos dizer alguma coisa. Até mesmo os que não conhecem a Deus entendem um pouco do seu caráter. "Os céus proclamam a glória de Deus e o firmamento anuncia as obras das suas mãos. Um dia discursa a outro dia, e uma noite revela conhecimento a outra noite.

Não há linguagem, nem há palavras, e deles não se ouve nenhum som" (Sl 19.1-3).

Deus tem uma natureza missionária. Onde não há Bíblia, há a presença das estrelas cintilantes. Onde não há pregador, sua presença é anunciada com a chegada da primavera. Onde não há testamento algum das Escrituras, há o testemunho das estações que mudam e aquele pôr-do-sol que deixa a todos extasiados. Se tudo o que uma pessoa tem é a natureza ao seu redor, então a natureza é suficiente para revelar algo de Deus. Como diz Paulo: "Pois desde a criação do mundo os atributos invisíveis de Deus, seu eterno poder e sua natureza divina, têm sido vistos claramente, sendo compreendidos por meio das coisas criadas, de forma que tais homens são indesculpáveis" (Rm 1.20).

Paulo continua afirmando: "Pois demonstram que as exigências da lei estão gravadas em seus corações. Disto dão testemunho também as suas consciências e os seus pensamentos, ora acusando-os, ora defendendo-os" (Rm 2.15-16).

Não sabemos como Deus levará em conta as diferenças, no entanto, sabemos que o fará. Se você e eu, vivendo num corpo de pecado, preocupamo-nos com isto, pode ter certeza de que Deus em sua santidade já deliberou e decidiu quanto ao problema. Cremos no clamor que se ouve vindo do altar: "Sim, Senhor Deus Todo-Poderoso, verdadeiros e justos são os teus juízos" (Ap 16.7).

Depois de estabelecermos quem será julgado, vamos responder uma outra pergunta:

O que será julgado? Creio que a resposta é simples: tudo o que tivermos feito na vida. O texto de 2 Coríntios 5.10 deixa bem claro que "todos nós devemos comparecer perante o tribunal de Cristo, para que cada um receba de acordo com as obras praticadas por meio do corpo, quer sejam boas quer sejam más". Isto inclui obras, palavras e pensamentos. Não é isto o que se depreende de Apocalipse 20.12? "Os mortos foram julgados de acordo com o que haviam feito, segundo estava registrado nos livros". Existem outros textos semelhantes.

"Pois Deus julgará todas as coisas, mesmo as ocultas, boas e más" (Ec 12.14 BJ).

"Digo-vos que de toda palavra frívola que proferirem os homens, dela darão conta no dia do juízo" (Mt 12.36 ARA).

Jesus conclui o tema em Lucas 12.2: "Não há nada escondido que não venha a ser descoberto, ou oculto que não venha ser conhecido".

E os crentes serão também julgados? Hebreus 10.30 diz assim: "O Senhor julgará o seu povo", e Paulo concorda: "Pois todos compareceremos diante do tribunal de Deus....assim cada um de nós prestará contas de si mesmo a Deus" (Rm 14.10,12).

Será que vi você franzir o cenho? Por que o crente deveria ser julgado? É uma boa pergunta que nos leva à nossa terceira questão.

Por que os crentes serão julgados? Não possuímos novas vestes? Já não fomos revestidos da justiça de Cristo? Os nossos pecados já não foram esquecidos? Claro. E podemos ficar firmes nesta verdade: "Portanto, agora já não há condenação para os que estão em Cristo Jesus" (Rm 8.1), e por estarmos revestidos de Cristo, podemos enfrentar com segurança o dia de nosso julgamento.

E se estamos revestidos de Cristo precisamos ainda de algum julgamento?

Posso encontrar, pelo menos, duas respostas. A primeira é que nosso galardão será revelado e, segunda, para que a graça de Deus uma vez mais seja manifestada.

Quero deter-me um pouco mais na questão do galardão. A salvação é fruto da graça e nenhuma pessoa no mundo inteiro deu qualquer contribuição para levar a termo a obra da cruz. O trabalho que fazemos não compra nossa salvação, no entanto, pesa no galardão. Como disse certo escritor: "Somos aceitos no céu na base apenas da fé, mas os frutos de nossa fé são a base de nosso galardão nos céus". [2]

Se você ficou chocado com o que eu disse, não está sozinho. As Escrituras fornecem ensino suficiente para convencer-nos de que há galardões, mas não o suficiente para responder a todas as nossas perguntas. Como serão os galardões? Como serão entregues? Disto não sabemos. Apenas sabemos que existem galardões. Além das coroas da vida, da justiça e da glória, a Bíblia indica que existem outros galardões.

Uma das referências mais claras e objetivas é a de 1 Coríntios 3.10-15. Nestes versículos Paulo imagina duas pessoas. Ambas são edificadas no fundamento que é Cristo, isto é, ambas são salvas. Uma pessoa acrescenta ao fundamento coisas valorosas como o ouro, prata e pedras preciosas. A outra prefere o caminho mais simples e não faz uma grande contribuição para o reino. Sua obra é feita de coisas inflamáveis, como madeira, palha e feno.

No dia do juízo a natureza de cada obra será revelada. Paulo diz: "...pois será revelada pelo fogo, que provará a qualidade da obra de cada um. Se o que alguém construir permanecer, esse receberá recompensa. Se o que alguém construir se queimar, esse sofrerá prejuízo; contudo, será salvo como alguém que escapa através do fogo" (1 Co 3.13-15).

Observe que ambos os construtores serão salvos, mas apenas um será galardoado, e a recompensa será na base da obra que fez. O tipo de recompensa ou galardão que cada um terá, não sabemos. Fui aconselhado, certa vez, a manter um "agnosticismo reverente" na questão. Traduzindo: Seja um ignorante sossegado.

Tenho para mim que as recompensas serão posições de autoridade e responsabilidade, e não de privilégios adicionais, pois tal é o indicativo percebido em Mateus 25.21: "Muito bem, servo bom e fiel, já que foste fiel nas coisas pequenas, dar-te-ei a intendência das grandes; entra no gozo de teu senhor" (VL). Percebe-se que o trabalhador, neste versículo, recebe maior responsabilidade e não maior folga. No entanto permanece um quê de incerteza.

O que sabemos é que pela graça somos salvos, e que seremos galardoados conforme nossas obras. Tudo o que daí passar é mera especulação. De fato, qualquer especulação além das que apresentamos é perigosa e pode conduzir a um espírito de competitividade e de rivalidade.

Haverá competitividade no céu? A distribuição de galardões não poderia gerar ciúmes em uns e arrogância em outros? De maneira alguma. Em nosso estado de perfeição não mais pensaremos em nós mesmos, apenas em Jesus Cristo. No céu teremos um outro comportamento e alegremente diremos: "Somos servos inúteis; apenas cumprimos o nosso dever" (Lc 17.10).

Mas uma outra questão precisa ser respondida: Por que nossas obras terão que ser expostas? Conforme Jesus, "não há nada escondido que não venha a ser descoberto, ou oculto que não venha a ser conhecido" (Lc 12.2). Todos os segredos, tanto dos pecadores como dos crentes serão revelados? Exatamente, porém, com uma ressalva importante: os pecados dos crentes serão revelados como pecados *perdoados*. Nossas transgressões serão anunciadas como transgressões *perdoadas*. Eis a segunda razão por que os crentes serão julgados. Primeiro, para que nossas obras sejam galardoadas e segundo, para que a graça de Deus seja manifestada.

Você, certamente, ouviu a história do casal que decidiu colocar as coisas em dia, numa espécie de mútuo entendimento. Eles fizeram uma lista das faltas do outro e começaram a ler em voz alta. Edificante, você não acha? Depois que cada cônjuge escreveu os defeitos do outro, reuniram-se para ler. "Você ronca, come na cama, chega em casa muito tarde, levanta-se muito cedo..." O esposo também leu sua lista. Depois, cada um entregou sua lista ao outro; sua esposa, no entanto começou a dar risadas, pois ao lado de cada defeito seu, o marido escrevera: "isto eu também perdôo".

A lista de defeitos tornou-se uma revelação da graça.

Você receberá uma lista assim no dia do juízo, mas lembre-se, o propósito principal do julgamento é o de revelar a graça do Pai. A cada pecado revelado, a graça de Deus é exaltada!

Imagine a cena. Você está diante do trono do Pai. O livro é aberto e começa a ser lido – cada pecado, engano, cada ocasião de destruição e amargura. Mas à medida que a infração é lida, a graça é proclamada.

Desrespeito aos pais aos treze anos de idade.
Escondeu a verdade, aos quinze.
Murmuração e fofoca aos vinte e seis.
Prostituição aos trinta anos.
Desobediência à liderança do Espírito aos quarenta.
Desobedeceu a palavra de Deus, aos cinqüenta e dois.

E o que acontecerá? O veredicto misericordioso de Deus ecoará pelo universo, e pela vez primeira na história entenderemos a profundidade de sua bondade. Graça contabilizada. Bênção catalogada. Lista de perdão. Extasiados, ouviremos cada pecado anunciado, seguido do perdão de cada um deles proclamado. A inveja revelada, e removida. Infidelidade anunciada, e purificada. Mentiras reveladas e depois apagadas.

O diabo se encolhe derrotado. Os anjos aproximam-se admirados. E todos os santos estarão em pé na presença de Deus. A medida do perdão de Deus é uma demonstração de seu grande amor para conosco. E o adoraremos. Nossas vozes entoarão com todos os santos: "Digno és de tomar o livro e de abrir-lhe os selos, porque foste morto e com o teu sangue compraste para Deus os que procedem de toda tribo, língua, povo e nação" (Ap 5.9 ARA).

Que momento de triunfo para o Mestre!

Você talvez pense assim: *Triunfo para Cristo; humilhação para mim.* Nada disso; você está exagerando, pois a Bíblia promete: "Eis que ponho em Sião uma pedra angular, escolhida e preciosa, e aquele que nela confia jamais será envergonhado"(1 Pe 2.6). Como? Não ficarei envergonhado quando os pecados ocultos forem revelados? Não, e vou dizer-lhe por quê.

A vergonha faz parte do egoísmo do indivíduo e no céu não nos ocuparemos mais de nós mesmos, pois todos estaremos em Cristo. Você estará revestido de uma natureza sem pecado, e não haverá como proteger sua reputação ou sua imagem neste estado de perfeição.Você se sentirá bem, permitindo que Deus faça no céu o que Jesus fez na terra – ser honrado em suas fraquezas.

Cabisbaixos e envergonhados? Não. Cabisbaixos e em profunda adoração!

A propósito, não nos sentimos bem melhor quando tudo é trazido à luz? Agora não haverá mais aquele jogo de esconde-esconde, tentando fazer com que creiam em você. Agora não é preciso arrumar desculpas. Não há o que encobrir para manter um *status* espiritual. No céu faremos parte de uma comunidade genuína, formada de pecadores arrependidos. Somente uma pessoa merece o aplauso no céu; é Aquele cujos pés e mãos têm as marcas dos pregos.

Portanto, não se preocupe com o pensamento de que ficará envergonhado. O crente não precisa temer o juízo. O incrédulo, no entanto, tem muito a temer, o que nos leva ao ponto final deste tema.

O que acontecerá com aqueles que não conhecem a Cristo? Lembre-se dos três propósitos do julgamento: A graça de Deus será revelada; os galardões serão entregues e os que não conhecem a Cristo pagarão um alto preço. E que preço!

Voltemos para a fila da cafeteria onde ganhamos um bom café da manhã gratuito. O que teria acontecido se uma pessoa que não fazia parte do grupo furasse a fila dos convidados para tomar café? Ninguém o fez, mas alguém poderia ter tentado. Uma pessoa poderia misturar-se aos convidados, como "penetra" e na maior cara de pau servir-se com os demais. Conseguiria? Enganaria nossa anfitriã? Não. Ela conhecia cada convidado pelo seu nome!

Assim também Cristo. "O Senhor conhece os que lhe pertencem" (2 Tm 2.19 ARA). Assim como nossa anfitriã ficou junto à caixa registradora, nosso Senhor estará junto ao trono do julgamento; da mesma forma que ela não levou em conta nosso débito, Cristo perdoará os nossos pecados. Nossa anfitriã retiraria a pessoa que não conhecesse, e Jesus fará o mesmo. "Não conheço você", ela teria dito. "Então eu lhes direi claramente: Nunca os conheci. Afastem-se de mim vocês, que praticam a iniqüidade" (Mt 7.23).

Para tal pessoa, o juízo será um dia de vergonha. Seus pecados serão revelados, mas não como pecados perdoados. Imagine a mesma lista sem a proclamação do perdão! Uma obra após outra é anunciada deixando o pecador emudecido diante de Deus. Àquelas pessoas que nunca aceitaram a misericórdia de Deus, o dia do juízo será um dia de ira. Foi o que aconteceu nos dias de Noé, mas este é um tópico para o próximo capítulo.

NT: Sete ou oito metros

[1] J.C.RYLE, citado por John Blanchard em *Whatever Happened to Hell?* (O Que Aconteceu com o Inferno?) Wheaton, Illinóis. Crossway Books, 1995, pg. 184

[2] DONALD BLOESCH, *Essentials of Evangelical Theology* (A Essência da Teologia Evangélica), San Francisco, Harper and Row, 1978, pg. 229

Capítulo 11

Advertência amorosa

O Dia do Juízo Final

Até que veio o dilúvio e os levou a todos. Assim acontecerá na vinda do Filho do homem.

Mateus 24.39

Outro dia fiz uma coisa que jamais fizera antes: prestei atenção ao que a aeromoça dizia antes do avião decolar. Geralmente nem ligo para o que elas falam; meus olhos e ouvidos estão atentos num livro ou no jornal. Mas um avião caíra no dia anterior e as notícias da tevê levaram-me a ficar mais atento às observações da tripulação. Se o avião em que estava tivesse algum problema, saberia como sair dali vivo.

Por isso ouvi atentamente. Ela ensinou a amarrar o cinto de segurança. Prendi o meu. Falou das máscaras de oxigênio em caso de despressurização do avião; olhei para ver onde elas estavam. Apontou para as portas de emergência e meus olhos seguiram suas instruções. Foi então que notei o que acontecia em todos os vôos: ninguém ouvia o que ela dizia! Fiquei chocado. Pensei até em levantar-me e gritar bem alto: "Ei turma! Que tal ouvir o que a aeromoça diz? Se este avião incendiar, vamos morrer queimados. O que esta moça está dizendo pode salvar suas vidas!"

E se ela usasse de meios mais drásticos para exemplificar o que queria dizer? Se embebesse uma camisola na gasolina e acendesse fogo? E se a tela de projeção mostrasse aviões caindo, pegando fogo com os passageiros correndo como tochas humanas? E se caminhasse pelo corredor do avião gritando e acenando para as notícias dos jornais exigindo que todos a ouvissem se quisessem sair vivos deste inferno ambulante?

Por certo, perderia o emprego. Mas creio que todos prestariam atenção no que ela queria dizer. Estaria fazendo um favor aos passageiros. E é isto que fez nosso Salvador por nós, mas não foi o dever do trabalho que o motivou, e sim seu grande amor por nós. O amor sempre adverte o objeto amado.

A advertência de Jesus é clara: "Pois nos dias anteriores ao dilúvio, o povo vivia comendo e bebendo, casando-se e dando-se em casamento, até o dia em que Noé entrou na arca; e eles nada perceberam, até que veio o dilúvio e os levou a todos. Assim acontecerá na vinda do Filho do homem" (Mt 24.38-39).

No último capítulo mostramos que há vários paralelos entre o dilúvio dos dias de Noé e a vinda de Cristo. Naquela oportunidade ninguém prestou atenção nas advertências de Noé. Hoje também. Deus enviou o livramento através da arca; hoje o livramento está em seu Filho. O dilúvio chegou. O dilúvio será iminente. O primeiro dilúvio foi de águas. O próximo, de vingança. O primeiro dilúvio foi irreversível; o segundo também será. Depois que a porta se fecha, para sempre ficará fechada. Havia gritos de horror nos dias de Noé; haverá "choro e ranger de dentes" no dia do juízo que virá (Mt 25.30). Quanto aos perdidos, diz a Bíblia que a "fumaça do seu tormento, sobe pelos séculos dos séculos" (Ap 14.11 ARA).

Este é um assunto importante. O inferno tem que ser levado a sério, no entanto temos a tendência de despistarmos o assunto. Concordamos com o que disse C. S. Lewis: "Se eu tivesse poder em minhas mãos, teria o maior prazer em remover do cristianismo a doutrina da existência do inferno... Pagaria qualquer preço para afirmar com confiança: 'Todos serão salvos'" [1]

É o que todos gostaríamos de fazer, não é mesmo? Mas não podemos. Vejamos este tema por alguns instantes.

Existe propósito com o inferno? Você não acha que se o inferno não existisse seria muito pior? Tente remover da Bíblia a idéia de que o inferno existe, e retire da Bíblia toda e qualquer noção de um Deus justo e confiável. O que aconteceria? Explico.

Se o inferno não existe, então Deus não é justo. Se o pecado não é punido, então o céu é complacente e indiferente com os estupradores, assaltantes e criminosos da sociedade. Se o inferno não existe, então Deus fechou seus olhos e não vê as vítimas do mal clamando por socorro. Se Deus não demonstra qualquer ira contra o pecado, então Deus não é amor, pois o amor não tem prazer no mal.

Afirmar que o inferno não existe é dizer que Deus é mentiroso e que a Bíblia não diz a verdade. A Bíblia enfatiza categoricamente como será o final do principal duelo da história. Alguns se salvarão e outros se perderão. "e muitos dos que dormem no pó da terra ressuscitarão, uns para a vida eterna, e outros para vergonha e desprezo eterno" (Dn 12.2 ARC). Paulo o confirma: "O qual recompensará cada um segundo as suas obras, a saber: a vida eterna aos que, com perseverança em fazer o bem, procuram glória, e honra, e incorrupção; mas indignação e ira aos que são contenciosos e desobedientes à verdade e obedientes à iniqüidade" (Rm 2.6-9 ARC).

As pessoas fazem objeção ao ensino de Jesus buscando outras formas de interpretação. Afirmam que a idéia de inferno vem do Antigo Testamento e, no entanto, é onde menos se fala do inferno. Já o Novo Testamento aborda com muita clareza o ensino do inferno. Jesus foi quem primeiro abordou o tema e ninguém, além dele, falou de juízo e punição eterna de forma tão clara e objetiva.

Pense um pouco: Treze por cento dos ensinamentos de Cristo são sobre julgamento e inferno. Mais da metade de suas parábolas tratam do juízo de Deus sobre os pecadores. Nas doze vezes em que a palavra *geenna* – a palavra mais forte para inferno – aparece nas Escrituras, somente uma vez não foi mencionada por Jesus. [2] Nenhuma outra pessoa falou tanto sobre o inferno como Jesus. "Quem crer e for batizado será salvo, mas quem não crer será condenado" (Mc 16.16).

Devemos ignorar declarações como esta de Jesus? Vamos pegar uma tesoura e cortar este versículo de nossas Bíblias? O inferno é parte real da organização econômica do céu.

Em nossos dias, antes de Cristo voltar, a presença do inferno é importante, e funciona como a oficina de meu pai; era ali que meu irmão e eu éramos disciplinados. Quando mamãe ficava zangada levávamos umas palmadas, mas quando meu pai saía do sério, apanhávamos de vara. Você imagina qual dos dois preferíamos. Se papai ficava zangado ele apenas dizia: "Vão para a oficina e me esperem lá" e meu traseiro começava a tremer. Não sei qual sua idéia sobre punir uma criança com vara, e não quero tratar do assunto aqui, apenas explicar o impacto que a palavra oficina tinha sobre mim.

Veja bem. Meu pai me amava e eu sabia disso muito bem. Mas, a maioria das vezes, não bastava me amar. A tentação era tão forte ou a rebelião tão feroz que o fato de papai me amar não era impedimento para minhas travessuras. Mas, só em pensar na vara, eu criava jeito. Quando o amor não me compelia a obedecer, o temor me corrigia. Só o pensamento de ter que apanhar uma surra na oficina – e todo aquele ranger de dentes – era suficiente para um bom comportamento.

Parece óbvio o que quero afirmar. Nosso Pai celestial ama seus filhos. Seu grande amor nos compele a segui-lo, mas, às vezes, erramos. O desejo de pecar é tão presente, o ímã da ganância tão forte, a promessa do poder tão sedutora, que as pessoas rejeitam o amor de Deus. É nesses momentos que o Espírito Santo sussurra a palavra "oficina". Ele tenta lembrar-nos que "aquilo que o homem semear, isso também ceifará" (Gl 6.7 ARA). A simples lembrança da existência de um lugar de punição pode ser tudo o que precisamos saber para corrigirmos nosso comportamento.

E é isto o que o Senhor faz em Lucas 16.

Como é o inferno? A única testemunha ocular do inferno que viveu na terra é o Senhor Jesus Cristo, e sua descrição do inferno é a mais confiável pela forma esplendorosa que dele fala. Cada palavra de sua descrição é importante e flui cheia de sensatez.

> Havia um homem rico que se vestia de púrpura e de linho fino e vivia no luxo todos os dias. Diante de seu portão fora deixado um mendigo chamado Lázaro, coberto de chagas; este ansiava comer o que caía da mesa do rico. Em vez disso, os cães vinham lamber as suas feridas (Lc 16.19-21).

A história se passa no portão de uma casa num bairro de classe alta. O dono da casa em questão é muito rico e vestia-se com as melhores *griffes*. A palavra no grego sugere que suas vestes são finíssimas, a peso de ouro. Sua mesa é também abastada, farta, numa época em que poucos tinham o que comer todos os dias, ele esbanjava do melhor.

Os jardins de sua residência verdejavam e floresciam criando uma atmosfera de beleza e paz. As louças de sua mesa eram da mais fina porcelana e ele mesmo bebia em taças de ouro puro. Frutas frescas de seu pomar eram trazidas à mesa a cada refeição. Jesus disse que tal homem vivia em luxúria todos os dias.

Mas junto ao portão daquela mansão, Lázaro, coberto de feridas, e maltrapilho, mendigava um pouco de pão. Era tão magro que seus ossos podiam ser vistos sob a fétida roupa. Ele fora largado naquele portão, por alguém muito gentil que não podia ignorá-lo, mas tão pobre que nada podia fazer por ele. Lázaro foi deixado em frente da casa do homem rico para comer das sobras da mesa daquela casa. Naqueles dias os ricos não usavam guardanapos e limpavam as mãos no miolo do pão. Tudo o que Lázaro queria eram as migalhas, a casca do pão para comer.

Que contraste! Um barão sem nome vivendo regaladamente. Um mendigo com nome vivendo na miséria. Entre eles um enorme portão de ferro encimado de pontas afiadas. Lá dentro, festas todos os dias. Do lado de fora, um mendigo desfalece. E lá em cima, um Deus justo pronuncia o veredicto. A pesada cortina da morte fecha sobre os dois. Eles morrem. Logo que o palco se ilumina para mostrar a segunda cena, pode-se ver o destino final daquelas pessoas.

"Chegou o dia em que o mendigo morreu, e os anjos o levaram para junto de Abraão. O rico também morreu e foi sepultado. No Hades onde estava sendo atormentado, ele olhou para cima e viu Abraão de longe, com Lázaro ao seu lado" (Vv. 22-23).

O mendigo nada possuía, apenas Deus. Agora possui tudo. O rico que possuía tudo o que queria, menos Deus, agora nada tem. O mendigo que ao morrer foi provavelmente jogado no lixão da cidade conhecido como *Geenna,* recebe lugar de honra ao lado de Abraão. O homem rico, sepultado numa tumba escavada na rocha, cujo corpo foi envolvido em finos lençóis e ungido com os melhores perfumes, vai para o *Geenna* da eternidade. O sofrimento de Lázaro terminou, o do rico, recém começou.

Se a história terminasse nesse ponto ficaríamos chocados, mas ela continua. Jesus nos transporta à beira do inferno e revela-nos seus horrores. O homem rico sofre implacavelmente. Cinco versículos referem-se ao sofrimento dele.

"No Hades...estava sendo atormentado" (v. 23).

"Estou sofrendo muito neste fogo" (v. 24).

"Agora, ele (Lázaro) está sendo consolado aqui e você está em sofrimento" (v. 25).

"...tenho cinco irmãos. Deixa que ele os avise, a fim de que eles não venham também para este lugar de tormento" (v. 28).

A última frase é muito forte. O homem rico define sua nova morada como um lugar de tormentos. Cada célula de seu corpo está sob constante tortura. E pior (algo muito pior), ele divisa ao longe o lugar de repouso e tranqüilidade para o qual jamais irá. Enxerga, longe dali, o mendigo que vivia assentado à sua porta; e agora ele é o mendigo!

"Ele olhou para cima e viu Abraão de longe, com Lázaro ao seu lado. Então, chamou-o: Pai Abraão, tem misericórdia de mim e manda que Lázaro molhe a ponta do dedo na água e refresque a minha língua, porque estou sofrendo muito neste fogo" (Vv. 23-24).

Seria tolerável ficar no inferno se todos seus cidadãos estivessem anestesiados, mas este não é o caso. Ali todos estão acordados. Fazem perguntas. Falam. Suplicam. De todos os horrores do inferno o pior deles é ter consciência de que aquele sofrimento jamais terá fim. "E estes irão para o castigo eterno, mas os justos para a vida eterna" (Mt 25.46).

O mesmo adjetivo usado para descrever o tempo de duração da vida celestial é utilizado para falar do tempo de duração da punição: *eterno*. Os bons viverão eternamente. Os maus serão eternamente punidos. [3]

Apocalipse 14.11 é também um texto perturbador: "...e a fumaça do tormento de tais pessoas sobe para todo sempre. Para todos os que adoram a besta e a sua imagem, e para quem recebe a marca do seu nome, não há descanso, dia e noite".

Gostaríamos de crer que os pecadores receberiam uma segunda chance, de que alguns meses ou milênios de purgatório purificariam suas almas e, no fim, todos seriam salvos. Por mais atrativa que seja esta idéia, a Bíblia nada diz a respeito. A resposta de Abraão ao homem rico indica que a paciência de Deus termina na porta do inferno. "E, além de tudo, está posto um grande abismo entre nós e vós, de sorte que os que querem passar daqui para vós outros não podem, nem os de lá passar para nós" (Lc 16.26 ARA).

O termo *posto* vem da palavra grega cujo sentido é "estabelecido" que literalmente quer dizer "acimentado, estabelecido perpetuamente", "sem retorno". Paulo usa a mesma palavra em Romanos 16.25 quando gloria-se em Cristo, dizendo: "Ora, àquele que tem poder para confirmá-los segundo o meu evangelho..."

Tremendo! O mesmo poder que estabelece o salvo no reino, sela o destino dos perdidos. Não há viagens missionárias para o inferno nem excursões para o céu. É um ensinamento difícil de ser aceito, e levanta outra questão escabrosa.

Como pode um Deus amoroso mandar as pessoas para o inferno? Este é um dos questionamentos mais comuns, e em seu bojo uma série de falsos conceitos são levantados.

Primeiro. Deus não *envia* pessoas para o inferno; apenas honra a escolha que fizeram. O inferno é a expressão máxima e a mais alta consideração de Deus pela dignidade humana. Ele nunca nos força a escolhê-lo, mesmo quando esta decisão implica na escolha do inferno. Como bem expressou-se C.S. Lewis: "No fim de tudo existem apenas dois tipos de pessoas: Aquelas que dizem a Deus: 'Seja feita a tua vontade', e aquelas às quais, no final de tudo Deus lhes diz: 'Seja feita a tua vontade'. Todos os que vão para o inferno, vão por livre escolha." [4] Em outro livro Lewis coloca desta maneira: "Eu creio firmemente que o condenado é, num certo sentido, um rebelde que teve sucesso até o fim; que as portas do inferno são trancadas por dentro". [5]

Deus não "manda" gente para o inferno. Esta é outra concepção errada.

A palavra *gente* é neutra, e implica inocência. Em parte alguma, as Escrituras ensinam que pessoas inocentes sejam condenadas.

Pessoas inocentes não vão para o inferno; os pecadores é que vão. Os rebeldes e egoístas também vão. Portanto, como um Deus amoroso mandaria pessoas para o inferno? Ele não faz isto. Apenas honra a escolha dos pecadores. A história de Jesus termina com uma guinada interessante. Ouvimos a súplica do rico: "...manda Lázaro ir à casa de meu pai, pois tenho cinco irmãos. Deixa que ele os avise, a fim de que eles não venham também para este lugar de tormento" (Lc 16. 27-28).

O rico se vê repentinamente tomado de fervor evangelístico! Aquele que nunca conheceu a Deus, agora suplica que Deus envie missionários? É impressionante como o inferno pode mudar as nossas prioridades. Os que conhecem o horror do inferno dispõem-se a fazer o que lhes estiver ao alcance, a fim de alertar seus parentes e amigos.

Jesus, pleno conhecedor da ira vindoura, suplica-nos a que empenhemos todo esforço a fim de evitá-la. "Se a tua mão ou o teu pé te escandaliza, corta-os e atira-os para longe de ti. Melhor é que entres mutilado ou manco para a Vida, do que, tendo duas mãos ou dois pés, seres atirado no fogo eterno. E, se o teu olho te escandaliza, arranca-o e atira-o para longe de ti. Melhor é que entres com um olho só para a Vida do que, tendo dois olhos, seres atirado na geena de fogo" (Mt 18.8-9 BJ).

Sem dúvida, de todas as histórias contadas por Jesus, esta é a mais perturbadora. É uma história repleta de termos como *tormento*, *dor* e *sofrimento*. Nela há conceitos difíceis de serem aceitos, tais como "castigo consciente", e "abandono eterno". A história ensina também uma verdade importante, raramente observada pelos que a lêem: O amor de Deus que está acima de todo entendimento!

"Como? O amor de Deus? Max, você e eu lemos duas histórias diferentes! A que eu li fala de castigo, inferno e miséria eterna. Como entender nisso o amor de Deus?"

Porque Deus foi até lá em seu lugar. Deus atravessou o abismo. Ele invadiu o inferno. Por quê? Para que você não precisasse ir lá.

Nunca esqueça que, enquanto na cruz, Jesus tornou-se pecado por nós: "Deus tornou pecado por nós aquele que não tinha pecado, para que nele nos tornássemos justiça de Deus" (2 Co 5.21). Ele se fez pecado, tornou-se abominação aos olhos de Deus, alvo da punição divina.

"Pois o salário do pecado é a morte" diz Paulo em Romanos 6.23. O homem rico é a testificação deste versículo pois viveu em pecado, herdando para si mesmo o direito de um sofrimento eterno. Deus pune o pecado, mesmo que este esteja sobre o seu próprio filho e foi exatamente isto o que aconteceu na cruz. "...o Senhor carregou sobre ele a iniqüidade de todos nós" (Is 53.6 VL).

"E no entanto, eram as nossas enfermidades que ele levava sobre si, as nossas dores que ele carregava" (Is 53.4 BJ) na cruz. O que o homem rico sentia, Jesus sentiu. O que você viu ao olhar nas profundezas do inferno, Jesus experimentou....as dores, a angústia, a solidão, o desprezo e por isso num brado comovedor do fundo de seu espírito, clamou: "Deus meu, Deus meu, por que me desamparaste?" (Mc 15.34).

Como o homem rico, Jesus conheceu o inferno, no entanto, Jesus não ficou lá. "Ele também participou dessa condição humana, para que, por sua morte, derrotasse aquele que tem o poder da morte, isto é, o diabo e libertasse aqueles que durante toda a vida estiveram escravizados pelo medo da morte" (Hb 2.14-15).

Sim! O inferno é um lugar profundo, mas não tão profundo quanto o amor de Deus.

Como aplicar essa mensagem neste momento? Se você é crente, deveria regozijar-se. Você foi resgatado. Um vislumbre do inferno leva o crente a alegrar-se em Deus. Mas também leva o crente a redobrar seus esforços pela salvação dos perdidos. Quando compreendemos o que é o inferno, oramos com mais fidelidade e servimos com maior diligência. Nossa missão é de alto risco!

E os perdidos? Qual o sentido desta mensagem para os despreparados? Ouça o alerta e apronte-se. Este avião não vai ficar a vida toda voando. "Isso porque você vai morrer um dia e é bom pensar nisso enquanto ainda há tempo" (Ec 7.2 BV).

[1] C.S.LEWIS, citado por Larry Dixon em, *The Other Side of the Good News* (O Outro Lado das Boas Novas) Wheaton, Illinóis. Victor Books, 1992, pg. 45

[2] Se quiser ver dois pontos de vista diferentes quanto a duração do inferno, examinem o livro de BLANCHARD, *Whatever Happened to Hell?* (O Que Aconteceu com o Inferno?), e o livro de EDWARD WILLIAN FUDGE, *The Fire That Consumes* (Fogo Consumidor), Carlisle, UK, The Paternoster Press, 1994

[3] BLANCHARD, *Whatever Happened to Hell?* (O Que Aconteceu com o Inferno?) pg. 130

[4] C.S.LEWIS, *The Great divorce,* (O Grande Divórcio), New York: Macmillan, 1946, pg. 66-67, citado em *Whatever Happened to Hell?,* (O Que Aconteceu com o Inferno?) pg. 151

[5] C.S.LEWIS, *The Problem of Pain* (O Problema da Dor), New York, Macmillan, 1967, pg. 127, conforme citado por Blanchard em, *Whatever Happened to Hell?* (O Que Aconteceu com o Inferno?), pg. 152

Capítulo 12

Vendo a Jesus

Um Dia de Alegria Sem Igual

...mas sabemos que, quando ele (Cristo) se manifestar, seremos semelhantes a ele, pois o veremos como ele é.

1 Jo 3.2

Agostinho apresentou a seguinte argumentação, imaginando Deus falando com você: "Vou fazer um trato com você, isto é, se você aceitar. Vou lhe dar qualquer coisa e tudo o que me pedir: prazer, poder, honra, saúde, liberdade e até mesmo paz de espírito e uma boa consciência. Nada disto será tido como pecado; nada ser-lhe-á proibido e também nada ficará longe do seu alcance. Tudo será possível a você. Você nunca será aborrecido e jamais morrerá. Mas com uma condição: Você nunca verá minha face" [1]

A primeira parte da proposta é irrecusável. Não é verdade que existe dentro de cada um de nós – e faz parte de todos nós – um desejo de amar e de viver uma vida prazerosa sem sermos perturbados por qualquer acusação, num estilo de vida, cheio de prazer sem fim? E, então, quando estamos quase concordando, apresentando-nos como voluntários, ouvimos dele a frase final: "Você nunca verá minha face".

Fazemos uma pausa. *Nunca?* Nunca ver a imagem de Deus? Nunca, por toda eternidade contemplar a presença de Cristo? Neste ponto, diga-me, a proposta perde todo seu apelo? Pensamentos afloram como raios em fração de segundos. Não é este um teste que prova o nosso coração? Não é verdade que bem lá no fundo de cada um de nós, existe um profundo desejo de ver a Deus?

Isto acontece com muita gente.

Outras pessoas, no entanto, não vêem nada de especial na proposta de Agostinho, a não ser o fato de que ela levanta uma pergunta; uma pergunta deselegante, que você hesita em perguntar com medo de parecer irreverente ou ingênuo. Já que você se sente assim, permita-me fazê-la em seu lugar? Quero eu mesmo colocar as palavras em seus lábios. "Por que esta volta toda? Este ar de mistério?", você indaga. "Sem faltar com o respeito. Eu quero ver a Jesus. Agora, vê-lo *eternamente!?* Ele é tão admirado assim?"

Paulo diz que sim. "No dia em que ele vier para ser glorificado em seus santos e admirado em todos os que creram" (2 Ts 1.10).

Admirados por ver Jesus. A admiração não é pelos anjos, mansões, novos corpos ou novas criações. A alegria de Paulo não é medida pelo encontro com os demais apóstolos ou por ver novamente seus entes queridos. Se isto causará ou não admiração, Paulo nada diz. O que ele confirma, isto sim, é que ficaremos extasiados ao contemplarmos Jesus.

O que tentamos visualizar em nossos pensamentos, veremos com nossos olhos. Aquilo que exige de nós um grande esforço em imaginar, contemplaremos livremente. O que era apenas um vislumbre, será visto amplamente. Como diz Paulo, ficaremos admirados diante da presença de Jesus.

O que causará tanta admiração?

É claro que não poderei responder esta pergunta com alguma experiência pessoal, no entanto, quero apresentá-lo a uma pessoa que pode. Num domingo de manhã, muitos domingos atrás, um homem chamado João viu a Jesus. O que ele viu e escreveu vem deixando os seguidores de Cristo com "água na boca" nos últimos dois mil anos.

Precisamos imaginar um João, velho, encurvado sob o peso dos anos, caminhando sofregamente, arrastando os pés. Lá se foram os anos quando era um discípulo de Cristo, jovem e forte, na Galiléia.

Seu mestre fora crucificado e a maioria de seus amigos morreram, e ele, agora, estava na Ilha de Patmos onde fora exilado pelo governo romano. Imagine João à beira-mar tendo um tempo de adoração a Deus. O vento assobia por entre as rochas e as ondas se derramam preguiçosamente sobre a areia. Um vasto oceano o separa de sua amada terra, no entanto, nenhum mar é grande o suficiente para separá-lo de Cristo.

"No dia do Senhor achei-me no Espírito e ouvi por trás de mim uma voz forte, como de trombeta, que dizia: 'Escreva num livro o que você vê e envie às sete igrejas: Éfeso, Esmirna, Tiatira, Sardes, Filadélfia e Laodicéia" (Ap 1.10-11).

João verá o Senhor Jesus outra vez; ele que, com Jesus, andara pelas empoeiradas estradas da Galiléia.

Nós apenas lemos sobre Jesus alimentando cinco mil pessoas. João estava lá; dedos grossos, palmas calejadas. Você e eu lemos sobre os pés que andaram sobre as águas; João estava lá, de sandálias, pés encascorados, dedos grossos de tanto caminhar. Lemos a respeito do olhar penetrante de Jesus, compassivos, ternos, perscrutadores, que se derramaram em lágrimas no túmulo de Lázaro. João os viu. Olhando a multidão, rindo e dançando de alegria, olhos que buscavam os perdidos de Israel. João andou com Jesus.

Durante três anos andara ao lado de Cristo. Mas o encontro que estava para ter neste domingo de manhã era totalmente diferente daquele que tivera na Galiléia. A imagem que tinha diante de si era vívida, impressionante, poderosa e tão arrebatadora que João caiu por terra. "Quando o vi, caí aos seus pés como morto" (Ap 1.17).

O que viu é descrito por ele da seguinte maneira:

> Voltei-me para ver a voz que falava comigo. Voltando-me, vi sete candelabros de ouro e entre os candelabros alguém semelhante a um filho de homem, com uma veste que chegava aos seus pés e um cinturão de ouro ao redor do peito. Sua cabeça e cabelos eram brancos como a lã, tão brancos quanto a neve, e seus olhos eram como chama de fogo. Seus pés eram como o bronze numa fornalha ardente e sua voz como o som de muitas águas. Tinha em sua mão direita sete estrelas, e da sua boca saía uma espada afiada de dois gumes. Sua

> face era como o sol brilhando em todo o seu fulgor. Quando o vi, caí aos seus pés como morto. Então, ele colocou sua mão direita sobre mim e disse: Não tenha medo (Ap 1.12-17).

Você não é o único que se impressiona com esta descrição. O Apocalipse é um mundo que não pode ser contido ou explicado, apenas ponderado, e João nos fornece um quadro para ser refletido, uma visão de Cristo que nos é mostrada de vários ângulos. Espada de dois gumes, pés de bronze, cabelos brancos, rosto como o sol, que quadro podemos formar com essa descrição?

Em primeiro lugar, tenha em mente que o que João escreveu não é exatamente o que viu. (Você leu corretamente; é isso mesmo o que eu disse.) O que João escreveu não é o que ele viu. O que escreveu é *semelhante* ao que viu. E o que viu era algo fora deste mundo, e por mais esforço que fizesse, João não encontrava palavras para descrever.

Conseqüentemente, João se viu obrigado a penetrar no mundo das metáforas e entregou-nos um arsenal de palavras imaginativas, utilizando freqüentemente o termo *semelhante a*. Descreve os cabelos de Jesus sendo semelhantes à lã, olhos *semelhantes* a fogo, pés *como* de bronze, voz *como* o barulho de muitas águas e ainda ilustra que Jesus se *parecia* com o sol em todo o seu fulgor. Percebe-se, claramente, que a linguagem humana não tem o vocabulário adequado para descrever a Jesus. Assim como o poeta garimpa as palavras apropriadas para expressar seus sentimentos, João utilizou-se do recurso de símbolos para dizer-nos o que viu. A linguagem figurada que usou, entretanto, deveria ser entendida pelos membros das sete igrejas da Ásia.

Para termos uma idéia clara do texto bíblico, precisamos entender os símbolos da mesma maneira que os leitores de João os entendiam.

A estratégia de João não nos parece distante das que usamos em nossos dias. Se você abrir o jornal na seção de humor e se deparar com o desenho de um jumento falando com um elefante, logo sabe do sentido do *cartoon*. Não é uma *tira* de humor sobre o Zôo, mas uma crítica aos políticos. (Num segundo pensamento pode-se até admitir que seja um *cartoon* sobre os animais do Zôo!) Você discerne a simbologia por trás dos desenhos. E é isto o que precisamos fazer se quisermos entender a visão de João. Quando entendemos o sentido do que ele descreve, podemos ter um vislumbre do dia em que veremos a Cristo. Vamos prosseguir um pouco mais.

Ao contemplar Jesus, o que veremos?

Veremos o sacerdote perfeito. "...com uma veste que chegava aos seus pés e um cinturão de ouro ao redor do peito" (v. 13). Os irmãos daqueles dias entendiam o sentido das longas vestes e do cinturão no peito. Jesus está usando a roupa de um sacerdote. O sacerdote é aquele que empresta o ouvido para o povo e a boca para Deus. Ele apresenta o povo a Deus e Deus ao povo.

Já vimos outros sacerdotes. Alguns apareceram em nosso caminho, clérigos ou não, que nos conduziram a Cristo, mas são pessoas que precisam de um sacerdote e, às vezes, mais que você. Como você, eram também pecadores. Jesus não. "É de um sumo sacerdote como este que precisávamos: santo, inculpável, puro, separado dos pecadores, exaltado acima dos céus" (Hb 7.26).

Jesus é o sacerdote perfeito.

Ele é também puro e purificador. "Sua cabeça e cabelos eram brancos como a lã, tão brancos quanto a neve, e seus olhos eram como chama de fogo" (v. 14).

Como seria a aparência de uma pessoa que nunca pecou? Sem problemas para que o cenho ficasse franzido e sem ira a abater-lhe o brilho dos olhos. Sem amargura a deformar-lhe os cantos dos lábios e sem egoísmo a reverte-lhe o sorriso. Se nunca pecou, como seria sua aparência? É isso o que veremos ao contemplar a Jesus. O que João viu naquele domingo de manhã em Patmos, era a figura de um Ser perfeito. Foi aí que lembrou-se da lã alva da ovelha e da neve branca que encima os montes.

João se lembrou também do fogo. Alguns viram a sarça ardente, o altar em chamas, o fogo consumidor, a carruagem de fogo, mas João viu olhos de fogo. E naqueles olhos ele viu a labareda purificadora que consome a bactéria do pecado e purifica a alma.

Um sacerdote. Cabelos alvos, puros como a neve; de um branco quc muda e reflete o avermelhado do sol. (Vê-se que não se trata de um lívido galileu.) A imagem continua.

Ao vir Jesus, o contemplaremos em sua plena força. "Seus pés eram como o bronze numa fornalha ardente" (v. 15).

Os contemporâneos de João conheciam o valor deste metal. Eugene Peterson fornece-nos grande ajuda explicando este versículo:

> Bronze é a combinação de dois outros metais, ferro e cobre. O ferro é resistente, mas enferruja. O cobre não enferruja, mas é flexível. Os dois juntos formam o bronze e as qualidades de ambos os metais são preservadas; a resistência do ferro e a durabilidade do cobre. O governo de Cristo está firmado nesta base: O fundamento de seu poder é testado pelo fogo. [2]

Toda e qualquer força humana redundará em fraqueza. Os musculosos homens das revistas de esportes, os melhores competidores automobilísticos, os exércitos e suas armas poderosas, todos tiveram o seu dia, o seu tempo de glória. Mas a força de Jesus jamais será superada. Jamais. Ao vir Jesus, você, pela primeira vez em sua vida, contemplará a verdadeira força.

Até o momento João descreveu o que viu; agora passa a detalhar o que ouviu. A voz de Cristo soou aos seus ouvidos, não em forma de palavras; João ouviu o som, o tom, o timbre. O som de uma voz pode ser mais importante que as palavras pronunciadas. Seu eu disser, "amo você" com som que demonstra frieza, pronunciado entre os dentes, você sabe que não é verdade. Você já parou para imaginar sua reação se ouvisse a voz de Jesus falando com você? João, naquele dia, parecia encontrar-se próximo às cataratas: "...e sua voz como o som de muitas águas" (v. 15).

O rio quando corre por entre a floresta, em meio a pedras e cascatas, pode ser ouvido a distância. É um som que se eleva acima dos demais. A natureza dorme, mas o rio continua com seu vozeirão. Assim é em relação a Jesus: sua voz é sempre ouvida no céu – firme, suave e plena de autoridade.

Ele tem em suas mãos sete estrelas. "Tinha em sua mão direita sete estrelas" (v. 16). Lemos mais adiante que elas são "os anjos das sete igrejas" (v. 20). O direito autoral é da Bíblia, portanto, posso afirmar que, sempre que a Escritura fala da mão direita, está falando de prontidão, de ação imediata. José foi abençoado com a mão direita de Jacó (Gn 48.18); o Mar Vermelho foi aberto quando Deus estendeu seu braço direito (Êx 15.12); a mesma mão direita que nos sustém (Sl 18.35), e Jesus está sentado à mão direita de Deus intercedendo por nós (Rm 8.34). A mão direita fala de ação, e o que vê João na mão direita de Cristo? Os anjos das sete igrejas. Assim como o soldado ergue a espada altaneiro e o carpinteiro levanta bem alto seu martelo, Jesus segura firme os anjos em suas mãos, e os mantém à sua disposição com o fim de proteger seu povo.

Que segurança temos em Jesus! Como é bom saber que o Filho do homem, puro, poderoso, com pés firmes, tem apenas uma prioridade: proteger sua Igreja. Ele segura a Igreja na palma de suas mãos e a ela se dirige com a espada de sua boca: "...e da sua boca saía uma espada afiada de dois gumes" (v. 16).

O som de sua voz acalma a alma, mas a verdade de seus lábios penetra em seu interior. "Pois a palavra de Deus é viva e eficaz e mais afiada do que qualquer espada alguma de dois gumes; ela penetra ao ponto de dividir alma e espírito, juntas e medulas, e julga os pensamentos e intenções do coração. Nada, em toda a criação está oculto aos olhos de Deus" (Hb 4.12-13).

Chega de chantagens, de charadas, de jogos, de meia verdade. O céu é um lugar sério, onde as sombras são afastadas pela face de Cristo. "Sua face era como o sol brilhando em todo o seu fulgor" (v. 16).

O que fazer diante de tão grande descrição? Como assimilar essas imagens? Pintar um quadro do que João viu, emoldurar e pendurar na parede da sala? Creio que não. Creio que o objetivo desta visão não é mostrar a aparência de Jesus, mas mostrar o que Jesus é.

O Sacerdote Perfeito.
O Único em pureza.
A Fonte de toda força.
O Som do amor.
A Luz Eterna.

O que acontecerá, portanto, quando você contemplar em pessoa o Senhor Jesus?

Você se deslumbrará diante da mais perfeita forma de pureza e da maior força do mundo. Sentirá sua interminável presença e desfrutará de sua proteção infalível. E – o mais importante – tudo o que ele é, você será, pois você terá por toda a eternidade a imagem de Jesus. Não foi esta a promessa de João? "Mas sabemos que, quando ele se manifestar, seremos semelhantes a ele, pois o veremos como ele é" (1 Jo 3.2).

Você será mais puro que a neve e nunca mais pecará.

Forte como o bronze sem nunca ceder.

Vivendo para sempre junto ao rio, sem nunca sentir solidão.

Como o trabalho do sacerdote estará terminado, você nunca vacilará outra vez.

Quando Cristo voltar, você viverá sob a intensa luz de Deus e o verá como Ele realmente é!

[1] PETER KREEFT, *Heaven: The Heart's Deepest longing* (Céu: O Que o Coração Mais Almeja), San Francisco, Ignatius Press, 1980, pg. 49

[2] EUGENE PETERSON, *Reversed Thunder* (Trovão Invertido) San Francisco; Harper San Francisco, 1988, pgs. 36-37

Capítulo 13

No Limiar da Glória

O Dia da Celebração Sem Fim

Eu os prometi a um único marido, Cristo, querendo apresentá-los a ele como uma virgem pura.
2 Coríntios 11.2

Essa é a história de um príncipe que se apaixona por uma moça campesina e plebéia. O povo daquela região nunca ouvira falar de um romance assim, em que um príncipe se apaixonasse por uma moça pobre da vila. Por toda parte, nos bares e nas ruas, no campo e nas casas, as pessoas comentam como um jovem criado no palácio pôde sentir-se tão atraído por uma jovem do campo. Ele, um rapaz inigualável; ela, uma moça comum. Não é lá tão feia. Até que poderia ser. E, às vezes, é. Ela tende a ser temperamental, irritadiça e de comportamento estranho. Não é o tipo de pessoa com a qual você gostaria de conviver.

Aos olhos do príncipe, entretanto, ela é a pessoa com a qual quer viver para toda a vida. No rústico e empoeirado assoalho da choupana, ele se ajoelha, toma-lhe as mãos e a pede em casamento. Até os anjos inclinam os ouvidos para ouvir a noiva responder num sussurro quase inaudível, "Sim".

"Em breve voltarei para desposá-la" é sua promessa.

"Estarei ansiosa, aguardando seu retorno", ela lhe responde.

Mas o príncipe teve que partir. Afinal, ele é o filho do rei e, por certo, tem muitas coisas a fazer no reino. Estranho não foi o noivo partir, mas a maneira como a noiva comportou-se durante sua ausência. Ela se esqueceu que estava comprometida!

Você iria imaginar que ela sonhava noite e dia com o casamento, mas não. Não havia qualquer expectativa da parte dela em encontrar-se com ele. Ela nunca comentava com suas amigas sobre o iminente casamento. Passam-se dias e meses e ela jamais comenta sobre o assunto. Bem, às vezes, dizem as más línguas, foi vista paquerando e flertando com os jovens do povoado. Flertando, e assobiando à luz do dia. O que não faria durante a noite?

Ela é uma rebelde? Talvez. Mas é esquecida. Esquece que está noiva. Isto é desculpa esfarrapada, dirá você. O retorno do noivo deveria ocupar cada pensamento seu todo o dia! Como pode uma camponesa esquecer-se do príncipe? Como pode uma noiva esquecer-se do noivo?

Boa pergunta. Não é isto o que acontece conosco? Veja bem. A história do príncipe e da camponesa não é uma fábula antiga, nem um conto sobre duas pessoas, mas um quadro real da Igreja. Acaso não somos a noiva de Cristo? Já não fomos escolhidos para sermos apresentados "como virgem pura a um só esposo" (2 Co 11.2 ARA)? Acaso Deus não nos prometeu desposar para sempre? (Os 2.19).

Estamos compromissados! Nós, camponeses, ouvimos o príncipe prometer casamento. Ele entrou em nosso povoado, tomou-nos as mãos e cativou nossos corações. Até mesmo os anjos inclinaram-se para ouvir-nos responder o "sim".

E aqueles mesmos anjos devem estar admirados de nosso comportamento. Nem sempre agimos como se estivéssemos noivos, não é mesmo? Passam-se dias e meses e jamais comentamos com alguém sobre o dia de nosso casamento. Alguns que nos conhecem, nunca nos ouviram falar da promessa do retorno do príncipe. O que há de errado? Somos rebeldes? Até certo ponto, sim, acho, no entanto, que somos muito esquecidos. Sofremos de amnésia.

Parei numa farmácia, dias atrás, pensando em comprar um vidro de vitamina. Encontrei na prateleira um remédio que me parecia familiar, um vidro de Ginkgo biloba. Mamãe havia-me recomendado tomar alguma coisa para a memória, mas eu havia esquecido o nome do remédio. Apontei para o vidro na prateleira e perguntei ao balconista: "Ajude-me a lembrar para que serve este remédio" (Ganhei um desconto).

Esquecer para que serve a Ginkgo biloba é uma coisa; agora, outra coisa bem diferente é esquecer nosso compromisso com Cristo! Precisamos de uma vitamina para ativar a memória. Posso fornecer alguma?

Você conquistou o coração de Deus.

Eu não conhecia o poder do amor até que tive uma experiência no meu segundo ano do segundo grau. Havia uma moça em nossa turma que ficou noiva. Não tenho muito boas recordações das aulas, só lembro que começava muito cedo e que o professor era muito chato. Tão pouco lembro o nome da garota, apenas que era tímida e insegura. Ela era quieta e introspectiva em sala de aula. Não se maquiava, nem se vestia bem. Era uma garota quase normal.

Certo dia, porém, tudo nela se transformou. Ela mudou o penteado, comprou novos vestidos e até mudou de voz. Começou a ser mais participativa em aula e falava com segurança. O que fez diferença?

Simples. Começou a amar. Alguém a escolheu. O jovem que ela amava, olhou-a firmemente nos olhos e lhe perguntou: "Quer se casar comigo?" A partir daquele dia ela se transformou. O amor dele por ela a convenceu de que ela tinha algum valor.

O amor de Deus faz o mesmo por nós. Como aquela garota, éramos inseguros e pessoas comuns, até que recebemos uma proposta de casamento que mudou tudo em nossas vidas.

Você quer cura para sua insegurança? Precisa de sais minerais para a memória? Então, medite nestas palavras escritas especialmente para você.

Minha irmã, noiva minha,
roubaste meu coração
com um só dos teus olhares,
uma volta dos colares.
Que belos são teus amores,

Minha irmã, noiva minha;
Teus amores são melhores do que o vinho,
Mais fino que os outros aromas
é o odor dos teus perfumes...
minha irmã, noiva minha,
és jardim fechado, uma fonte lacrada
(Cantares de Salomão 4.9-12 BJ).

Você fica chocado com a franqueza destas palavras? Você acha ridículo pensar em Deus como um amante encantador? Acha deselegante pensar em Jesus como um pretendente extasiado de amor? Então, como explicar seus atos? Foi a lógica que o fez nascer numa manjedoura? O bom senso que o crucificou na cruz? Teria Cristo vindo à terra pelas leis naturais da ciência? Não, Ele veio tal qual príncipe de olho na donzela, disposto a derrotar o próprio dragão se este cruzasse seu caminho, tal a disposição de ter uma noiva.

E foi exatamente isso que aconteceu. Ele enfrentou o dragão no inferno. "Com amor eterno eu te amei, por isso com benignidade te atraí" (Jr 31.3 ARA).

Enquanto escrevia este capítulo recebi um telefonema de um rapaz pedindo conselhos sobre o que fazer com sua noiva. Ele estava desnorteado. Trabalhavam em cidades diferentes e não concordavam em certas coisas. Ele estava pronto para se casar; ela pedia mais tempo. Podia-se sentir a emoção em seu tom de voz: "Acho que posso viver sem ela", disse-me, " mas não quero".

Estou certo de que Jesus pode viver sem nós, mas Ele não quer. Seu maior desejo é o de estar com sua noiva.

Você já observou a maneira como o noivo olha para a noiva durante o casamento? Eu já. Esta é a vantagem que tenho como pastor durante o casamento. Sempre fico junto do noivo; ele, pronto para se casar e eu, para celebrar o seu casamento. Antes dele chegar ao altar, já gastamos algum tempo na sala ao lado do púlpito e eu o observo ajeitando o colarinho e secando o suor. Seus colegas fazem questão de lembrar-lhe de que ainda é tempo de desistir e há sempre o perigo dele fazer isso mesmo. Como pastor, sou eu que acena convidando-o a aproximar-se do altar. Ele me segue pelo corredor qual criminoso para a cadeira elétrica. Mas todo aquele nervosismo desajeitado desaparece quando a noiva surge na porta do templo. E a expressão de seus olhos é minha cena favorita do casamento.

Todo mundo perde este momento. Todos, porque os convidados têm os olhos fitos na noiva. E enquanto todos observam a noiva, dou uma olhadela no noivo. Se a iluminação favorece e o ângulo é correto, posso ver o vestido branco da noiva refletido no brilho de seus olhos. A presença dela o lembra uma vez mais do propósito do casamento. Seu queixo relaxa e o sorriso, antes forçado, abre-se esplendorosamente. Ele esquece que está de *smoking* e o suor que lhe escorre por baixo da camisa não o incomoda. Ele esquece a aposta que fez de que não ficaria engasgado ao vê-la, e todo e qualquer pensamento em sair dali correndo, desistindo de tudo, é mera piada. Pode-se ler por todo o seu rosto: "Como viver sem uma mulher como esta?"

É assim que se sente o nosso Senhor Jesus. Olhe atentamente nos olhos do Salvador e ali, também, refletido em sua pupila você pode ver a noiva. Vestida brilhantemente, cheia de graça e de rara beleza, impecável desde o alto da cabeça, onde se sobressai a grinalda, até a ponta do longo vestido que se espraia pelo tapete vermelho, ela é a rainha, a régia mulher com a qual ele sempre sonhou. Sua noiva. Lenta e cerimoniosamente ela caminha pelo corredor a fim de encontrá-lo. Ainda não é dele, mas ele a vê, espera por ela e almeja tomá-la para si.

"Como viver sem uma mulher como esta?", é o que diz o brilho de seus olhos!

E quem é esta noiva que ocupa o coração de Jesus?

Não é a natureza. Ele ama sua criação e esta geme anelando o dia de estar com ele, mas nunca a chamou de noiva.

Não são os anjos. Estes estão sempre a postos servindo-o e adorando-o, mas os seres celestiais nunca foram chamados para ser sua noiva.

Então, quem? Quem é a noiva que Jesus menciona e por ela espera todos os dias? Quem é a virgem que conquistou o coração do Filho de Deus?

Você. Foi você quem conquistou o coração de Deus. "Como o noivo se alegra da noiva, assim se alegrará de ti o teu Deus" (Is 62.5 AC, Fiel).

Temos diante de nós, todos os dias, o desafio de nos lembrarmos disso. O desafio de meditar, pensar, e permitir que seu amor mude a maneira de como vemos a nós mesmos.

Você acha que ninguém o percebe? As novas roupas e um novo penteado podem ajudar durante um tempo, mas se você quiser fazer uma mudança permanente, procure ver a si mesmo como Deus o vê. "Cobriu-me com um manto de justiça, como um noivo se adorna com turbante sacerdotal, e como a noiva que se enfeita com as suas jóias" (Is 61.10 AC, Fiel).

Sua auto estima está em baixa? Quando isto acontecer, lembre-se que você tem valor. "Pois vocês sabem que não foi por meio de coisas perecíveis como prata ou ouro que vocês foram redimidos...mas pelo precioso sangue de Cristo, como de um cordeiro sem mancha e sem defeito" (1 Pe 1.18-19).

Você está se indagando se o amor vai perdurar ou não? Nem se preocupe. "Nisto consiste o amor: não em que nós tenhamos amado a Deus, mas em que ele nos amou e enviou o seu Filho como propiciação por nossos pecados" (1 Jo 4.10).

Você sempre carregou aquele sentimento de que nada possui?

Conte todas as bênçãos, se puder! Ele enviou seus anjos que o protegeram em diversas situações, o Espírito Santo para morar em você, uma igreja para ser sua família, e sua palavra para guiá-lo. São privilégios que apenas as noivas têm. A qualquer hora ele pára para lhe escutar; faça um pedido, e ele responde. Ele nunca permitirá que você seja tentado além dos limites. A lágrima começa a rolar de sua face e ele está ali para secá-la. Você tem um soneto de amor para recitar e ele está ali, pronto para ouvi-lo. Você almeja contemplá-lo? Este é o maior desejo de Deus: Ver você também!

Ele foi preparar uma morada para você e, qual noivo que constrói a casa, a cada batida do martelo que fixa uma tábua, a cada dentada da serra que a corta na medida certa, ele sonha com o dia em que levará você, portas adentro do novo lar. "Na casa de meu pai há muitos aposentos; se não fosse assim, eu lhes teria dito. Vou preparar-lhes lugar. E se eu for e lhes preparar lugar, voltarei e os levarei para mim, para que vocês estejam onde eu estiver" (Jo 14.2-3).

Você foi escolhido por Deus. Ele o libertou de seu antigo estilo de vida, de sua velha casa e confidenciou aos seus ouvidos que você é dele, que ele o ama. "Então, onde ele está?", você pergunta. "Por que ainda não voltou?"

Há somente uma resposta: Sua noiva não está pronta! Ainda está se adornando.

Os noivos se ocupam com os preparativos. O vestido certo. Peso certo. O melhor penteado. Smokings. Tudo com a mais alta perfeição. Por quê? Para uma festa de casamento? Não. Bem ao contrário. Vestem o melhor porque se preparam para o seu cônjuge.

Assim também conosco. Queremos estar preparados com o melhor quando Cristo voltar. Queremos ter corações purificados e pensamentos limpos. Nossas faces e nossos olhos devem demonstrar o brilho de nosso amor.

Por quê? Na esperança de sermos amados? Não. Porque ele nos ama.

Você foi conquistado, engajado, separado e chamado de noiva santa. Nenhum estranho dividirá o amor que você tem para com ele.

Esteja atento ao dia de seu casamento. Lute contra o esquecimento. Não tolere os lapsos de memória. Memorize versículos. Coloque notas que chamem sua atenção por toda a casa. "Procurem as coisas que são do alto...mantenham seus pensamentos nas coisas do alto" (Cl 3.1-2). Você faz parte da realeza e seu Príncipe está voltando para levá-lo ao palácio real.

Atentos ao Toque da Trombeta

Nossa casa mais parece um zoológico, tantos os animais que aqui aparecem. Poucas são as pessoas que têm a mesma experiência que nós. Um passarinho entrou pela chaminé da lareira e ficou voando desorientado no quarto de dormir. Um outro pássaro palerma chocou-se na janela envidraçada e caiu tonto no chão. Esquecemos de dar comida a um peixinho no aquário por uma semana – e sobreviveu! Permitimos que o coelho ficasse comendo solto na horta – ele não quis. Acho que temos animais demais aqui em casa. Até acho que Deus envia os bichinhos para que eu tenha alguma ilustração para minhas mensagens.

Foi isto o que pensei do Fred. Ele é um hamster prazerosamente cuidado por minha filha de nove anos, a Sara. Ela ficou brincando com ele, deixando-o correr livremente sobre o teclado do piano. Não sei o que Denalyn iria pensar sobre o ratinho tocando piano. Ela não estava em casa e eu, cuidando das filhas, acomodei-me preguiçosamente no sofá da sala. O hamster não causava problema algum, apenas se divertia, e divertia a todos nós. Dávamos risadas das arrancadas do ratinho sobre o teclado. Ele trouxe novo sentido àquelas teclas pretas. Mas depois de várias quedas do hamster, já estávamos ficando meio cansados quando Sara colocou o ratinho sobre a pequena estante que fica junto ao teclado, onde se põe o caderno de música. Eu estava de olhos fechados quando Sara o deixou ali. E este foi o problema.

Para que você entenda o que aconteceu a seguir, deixe-me explicar que o nosso piano não é um modelo *standard*, do contrário o rato estaria a salvo. Se a tampa superior estivesse fechada, o rato estaria a salvo. Mas era um piano meia cauda e a tampa superior estava aberta. Sara distraiu-se fazendo outras coisas, enquanto eu tirava uma soneca. Foi neste exato momento que o hamster, curioso, subiu e caiu para dentro do piano.

Abri os olhos a tempo de ver o ratinho cair na malha de cordas. Corremos para salvá-lo, mas o hamster escorregou por entre as cordas do piano e, buscava uma saída, desesperado.

Fred caiu numa armadilha.

Como tirar um ratinho do meio das cordas de um piano? Tentamos de todas as maneiras.

Tentávamos cutucá-lo, enfiávamos os dedos entre as cordas, procurávamos encurralar o bichinho para que subisse para a abertura, sem sucesso. Encolheu-se num canto extremo do piano onde nem com o facho de uma lanterna conseguíamos vê-lo. Nem mesmo nossas súplicas o faziam sair dali.

Tentamos tirá-lo de seu esconderijo usando diferentes tons de voz.

A voz de quem procura alguém numa festa: Fred, pode nos ouvir?"

A voz de um amigo: "Vamos lá, amigão".

A voz maternal: "Freddie, uh, uh, onde você se meteu?"

Até mesmo a voz de um sargentão: "Dê o fora, seu paspalho. Já!"

Nada deu certo. Súplicas. Gritos. Até que tivemos uma outra idéia. Que tal um pouco de música no próprio piano? Tínhamos que ser cautelosos pois certas músicas poderiam causar-lhe dano. Uma marcha militar de John Philip Sousa poderia levá-lo a nocaute. Portanto, tocamos suavemente, uma tecla de cada vez, parando para ouvir as pisadas de suas patinhas. Não surtiu efeito. Tentamos tons diferentes. Nada. Tocamos "Três Ratinhos Cegos" pensando que ele sentiria saudades de casa. Nada. Tentamos "Boi, boi, boi, boi da careta preta, vem pegar o Fred que tem medo de careta." Nada. Ele se evadiu. Tocamos para ele "Atirei o pau no gato-to", mas ele nem se intimidou. E continuou escondido!

Restou-nos apenas uma alternativa: *Gulp!* Desmontar o piano! Alguns de vocês fariam isso sem problema algum, agora, para mim, era uma tarefa extremamente difícil. Não sou mecaníaco, aquela pessoa das catorze profissões que é pau para toda obra. Imagine, não sei nem abrir uma lata de sardinha, quanto mais um piano. Mas Fred, o ratinho, estava correndo perigo. Não poderíamos dormir, imaginando-o trancado entre as cordas. E o cheiro forte dali a alguns dias... Portanto, munido de chave de fenda procurei um lugar para abrir o piano, um parafuso qualquer, mas não encontrei uma fenda, um parafuso, nem no pedal nem na cauda.

Ficamos sem saber o que fazer. Fred precisava respirar e ainda não havíamos encontrado uma solução. O jeito era orar por ele até que o afinador de piano viesse no dia seguinte. Eu nem sabia o que dizer ao afinador. ("Não, o piano está afinado, é que temos um hamster que entrou na música".)

Depois de relaxar e pensar um instante, perguntei a mim mesmo: *Isto só aconteceu comigo ou alguém mais passou pelo mesmo problema? Ou Deus quer que eu consiga uma conclusão para o livro que estou escrevendo?* Se for, o Fred é uma boa conclusão.

Você e eu temos alguma coisa em comum com o ratinho de estimação de minha filha. Como ele, caímos; e como ele, ficamos num beco sem saída, cercado, não por cordas de aço do piano, mas pela culpa, ansiedade e orgulho, caímos num lugar terrível, estranho. Não queríamos estar ali, longe da mão de nosso Mestre. Não sabíamos como sair daquela situação.

Deus sabe como nos livrar do problema e quer que saibamos que breve, muito breve, ele virá nos buscar. Não é esta a declaração final das Escrituras? " Sim, venho em breve!" (Ap 22.20). Prestamos atenção ao que Deus diz? Alguns sim, outros, como Fred, demoram a responder. Pelo menos, Deus entende, e é bastante criativo.

Ele nos chama, procurando-nos no emaranhado onde nos metemos; quer que olhemos para ele, mas como o Fred afundamo-nos cada vez mais no problema.

Ele faz com que sua música chegue aos nossos ouvidos. Suas divinas mãos tocam o teclado do universo, levando aos nossos ouvidos sinfonias de tons do nascer e do pôr-do-sol. Águias que se elevam nas alturas, ondas que rebentam na praia, flores no deserto, tudo com o objetivo de chamar nossa atenção, mas continuamos escondidos.

Deus sabe como desmontar algumas coisas. Nosso mundo está caindo aos pedaços? Ele pega sua chave de fenda e separa, parte por parte, não porque não nos ame, mas porque seu profundo amor quer nos libertar. Ele nos ama carinhosamente. E fará tudo o que estiver ao seu alcance para libertar os seus filhos. Nem que seja necessário tornar-se um de nós, vivendo em nosso mundo.

Depois de tentar por todos os meios libertar o hamster, falei às meninas: "Bem, um de nós poderia tornar-se um hamster, ir até onde ele está e mostrar-lhe a saída".

Isto estava fora de cogitação. E se houvesse esta possibilidade e um de nós nos transformarmos num ratinho branco? Barrigudinho, perninhas curtas e fios de bigode? (Algumas mulheres acham que descrevi seus maridos.) Deixar seu mundo inigualável por um mundinho que cabe numa caixa de papelão? Nem conseguimos imaginar tal coisa. Mas foi o que Deus imaginou e fez. A jornada de homem para rato não é comparável à distância entre céu e terra. Entre o Criador e a criatura. Deus tomou a forma de uma criança, cresceu como um menino, entrou em nosso mundo, não um mundo cheio de cordas e cravos de afinação, mas um mundo cheio de problemas e dores de cabeça.

"A Palavra tornou-se carne e viveu entre nós...vindo do Pai, cheio de graça e de verdade" (Jo 1.14).

A palavra de ação é *entre*. Ele viveu *entre* nós. Ele se despiu de suas finas vestes e tomou a forma humana. A manjedoura foi seu trono e a corte os animais. Recebeu um nome comum – Jesus – e deste nome fez o maior dos nomes! Tornou-o santo. Fez de pessoas comuns, santas. Ele poderia ter vivido acima ou longe de nós, mas não o fez. Ele viveu *entre* nós.

Amigo dos pobres e pecadores, ele tocou em suas feridas, enxugou suas lágrimas e pagou por seus erros.

Foi sepultado, ressuscitou e disse-nos que o mesmo acontecerá conosco. E a todos nós, os Freds medrosos deste mundo, ele compartilhou a mesma mensagem: "Não se perturbe o coração de vocês. Creiam em Deus; creiam também em mim...voltarei e os levarei para mim, para que vocês estejam onde eu estiver" (Jo 14.1-3).

E qual nossa resposta?

Alguns fazem de conta que ele não existe. Ocupam-se em escrutinar as peças de um piano e não seguem as lições do Maestro.

Outros ouvem o que ele diz, mas acham que não é importante. Não é fácil imaginar que Deus pudesse ir tão longe a fim de nos levar para ele.

No entanto, algumas pessoas decidem tentar. Saem de seus esconderijos e olham pela abertura. Todos os dias miram os céus e, como Simeão, esperam pelo retorno do Senhor (2 Pe 3.12). Sabem que há mais na vida do que apenas o interior de um piano, e querem estar preparados para quando Cristo voltar.

Você quer estar entre os que esperam sua vinda, não é mesmo? Esteja atento ao toque da trombeta e eleve seus olhos ao céu. Quando ele chamar seu nome, você estará preparado.

Bem, você deve estar preocupado com o destino do Fred. Ele mesmo encontrou um jeito de sair de lá. Subiu até a tampa do piano onde Sara o esperava. Ficou ao alcance da mão dela e ela o tirou dali.

É exatamente isto o que Deus quer fazer com você. Você olha para ele e prontamente será alcançado. É hora do livramento.

Quando Cristo voltar...

Quando Cristo Voltar

Guia de Estudo Prático

Quando Cristo Voltar

Revisando o tema

1. Como você vê a descrição que Max faz da volta do Senhor? Como você reagiria se estivesse vivo quando do retorno de Cristo?

2. Se tivesse que escolher apenas uma palavra, que palavra você escolheria para descrever o retorno de Cristo? Desconforto? Negação? Desapontamento? Obsessão? Alegria?

3. O que Max quis dizer quando escreveu: "Alguns de vocês mal haviam começado a ler a descrição que fiz da volta de Jesus e já objetaram dando suas próprias opiniões". Você também tem sua opinião? Se você foi uma dessas pessoas, explique o que você pensa.

Trabalhando o tema

1. Leia João 14.1-3. Qual o propósito principal de Jesus ao falar de sua vinda?

2. Leia Mateus 24.30-31. De que maneira Jesus descreve seu retorno?

Vivenciando o tema

1. Quando foi a última vez que você meditou sobre a vinda do Senhor? E como se sentiu o resto do dia. O que fez com sua consciência?

2. Lendo o livro *Quando Cristo Voltar*, procure fazer seu próprio estudo sobre a vinda do Senhor, enfatizando o impacto desta mensagem nos dias de hoje.

1
"VOCÊ CONFIA; EU DIRIJO"

Revisando o tema

1. "Não queremos que nosso filhos se preocupem com detalhes" .

   A. Por que não queremos que os filhos se preocupem com detalhes? O que pode acontecer quando eles se preocupam demais?

   B. Como aplicar essa idéia ao nosso relacionamento com Deus?

2. "Você confia; eu dirijo. Saudável lembrança no que diz respeito ao retorno de Cristo. Muita gente não associa o verbo *confiar* à vinda do Senhor".

   A. O que Max quis dizer com:"Você confia; eu dirijo?"

   B. Por que as pessoas têm tantos problemas para ligar "confiança" com a vinda de Cristo? Você também tem este problema? Explique.

3. "Não fiquem perturbados quanto ao retorno de Cristo, nem ansiosos por coisas que vocês não podem compreender. Assuntos como o milênio e o anticristo são um desafio à nossa capacidade e entendimento, mas não nos impressionam nem tão pouco nos dividem. Para o crente, o retorno de Cristo não é um enigma a ser resolvido nem um código a ser descoberto, mas um dia que deve ser aguardado com expectativa."

   A. Por que um tema que todos deveríamos dominar é ainda um desafio à nossa capacidade e entendimento?

   B. Por que um tema destes parece ser tão "assombroso" e "divide-nos" em tantas opiniões?

   C. Como ter certeza de que podemos discutir temas como a volta do Senhor sem ficarmos assombrados ou divididos?

4. Max destaca essas verdades deixadas por Jesus para que não fiquemos perturbados:

   - "Eu tenho lugar bem amplo para você"
   - "Eu tenho um lugar preparado para você"
   - "É verdade! Voltarei"

A. Qual a importância de cada uma dessas questões? Como tais verdades nos ajudarão a ficar despreocupados?

B. Das três verdades acima, qual delas é a mais importante para você? Por quê?

Trabalhando o tema

1. Leia João 14.1-3.

A. Você confia em Deus no seu dia a dia? Que diferença faz para você "confiar" em Deus?

B. Qual a razão principal do retorno de Cristo, segundo o versículo 3?

2. Leia 1 Tessalonicenses 1.9-10.

A. O que fizeram os tessalonicenses quando conheceram a Cristo? Que modelo nos deixaram?

B. De que forma você está aguardando o retorno de Cristo?

Vivenciando o tema

1. Você acha fácil ou difícil confiar a Deus todos os detalhes de sua vida? Explique.

2. Disponha-se, durante esta semana, a falar sinceramente com algum irmão sobre a volta de Cristo. Juntos, procurem descobrir como vocês mutuamente se edificarão conversando sobre este tema.

2
Aguardando com Expectativa

Revisando o tema

1. Max escreve que nas Escrituras algumas pessoas são conhecidas por suas características. Abraão, *fé*; Moisés, *liderança*; Paulo, *epístolas*; João, *amor* e Simeão por *esperar*.

A. Que significado cada uma destas características têm para você?

B. Como você seria caracterizado nas Escrituras?

2. "Simeão vivia na ponta dos pés, como se espreitasse algo, olhos atentos, aguardando Aquele que viria restaurar a Israel."

   A. Este é um ponto positivo ou passivo na vida de Simeão? Explique.

   B. Como você descreveria a si mesmo em relação à expectativa da volta do Senhor?

3. "O mestre tem prazer em saber que seus servos ficam acordados até tarde, esperando que volte da festa. O senhor recompensa aqueles que aguardam sua chegada."

   A. O que quer dizer "aguardar a chegada"?

   B. Por que você acha que o mestre gosta de encontrar as pessoas esperando por sua volta?

4. "A esperança do futuro não é permissão para viver irresponsavelmente no presente."

   A. O que Max quis dizer com esta declaração?

   B. Fale de sua experiência pessoal e descreva como alguém que tinha esperança no futuro agiu irresponsavelmente no presente. O que aconteceu? Poderia ter sido evitado?

Trabalhando o tema

1. Leia 2 Pedro 3.11-12.

   A. No dizer de Pedro, de que maneira a esperança no futuro afeta nossas vidas? Este princípio está operando em sua vida? Explique.

   B. Pedro diz que podemos "apressar" a vinda do "dia de Deus". Como?

2. Leia Lucas 2.25-35.

   A. O que diz Simeão a respeito de Jesus nos versículos 29-32?

   B. Qual a reação dos pais de Jesus no versículo 33? Por que?

C. O que Simeão diz a Maria, a respeito de Jesus, nos versículos 34-35? Que predições contém o texto?

3. Leia Mateus 24.36-44.

A. Qual a principal exortação nestes versículos? O que devemos fazer? E como fazer?

B. Que dizem os versículos a respeito de marcar uma data ou tempo para o retorno de Cristo? Como deveríamos reagir quando as pessoas fazem assim? Explique.

Vivenciando o tema

1. Cada um de nós experimenta algum tipo de "espera" no dia a dia, seja na caixa do mercado, no consultório médico ou na fila do banco. Se esta semana você tiver que esperar num desses lugares, procure "ganhar tempo" meditando na vinda do Senhor Jesus. Depois de uma semana compartilhe com seus amigos a experiência que teve. Até que ponto sua meditação afetou o seu trabalho diário?

2. Coloque-se no lugar de Simeão, imaginando como você se sentiria esperando todo este tempo pelo Messias? Como sua espera mudou seu estilo de vida? Como você teria se sentido vendo o Salvador? Como ficou sua vida dali em diante? Agora, volte-se para o presente: O que acontecerá com você, de hoje em diante, se adotar algumas das estratégias utilizadas por Simeão?

3
O Berço da Nossa Esperança

Revisando o tema

1. "Aconteça o que acontecer estarei sempre perto de você".

A. Por que a criança desta história confiou na promessa do seu pai? A promessa do pai fez alguma diferença para o filho enquanto estava soterrado?

B. Temos de Deus alguma promessa semelhante? Explique.

2. "O mundo pode desabar, a terra tremer, mas o filho de Deus não se atemoriza, pois o Pai prometeu estar perto dele."
   A. Que lições práticas uma promessa como esta pode oferecer-nos na hora em que as rochas caem e a terra treme?
   B. Descreva alguma experiência que você teve nesse sentido – mas a promessa da volta de Cristo amenizou seu sofrimento.

3. "Para os apóstolos e a qualquer discípulo de Cristo, a promessa é simples de entender: A ressurreição de Jesus é a prova autêntica, a pré-estréia do que acontecerá conosco."
   A. De que maneira a ressurreição de Cristo é "prova autêntica" e a "pré-estréia" de nossa própria ressurreição?
   B. E como a ressurreição de Jesus Cristo pode servir-nos de alento nas horas difíceis?

4. "Num piscar de olhos, como o relâmpago que corta o céu de um lado para o outro, ele voltará. Todos o verão. Você e eu o veremos. Os corpos forçarão a lápide da tumba e surgirão do fundo dos abismos. A terra tremerá, os céus se enrolarão qual pergaminho e os homens se esconderão em cavernas. Nós, os que o conhecemos, não teremos medo algum."
   A. Qual sua reação se Cristo voltasse nesse exato momento? Explique.
   B. Max ensina que os que não conhecem a Cristo "tremerão" quando ele voltar, enquanto os que o conhecem "nada temerão". Por que a diferença?

5. Max menciona três ensinos que afirmam que Cristo não ressuscitou:
   - Jesus nunca teria de fato morrido; apenas desmaiado na cruz.
   - Os discípulos roubaram seu corpo e o esconderam.
   - Os judeus roubaram o corpo de Jesus do túmulo.

   A. Qual seu argumento a cada uma dessas teorias? Quais os problemas que cada uma tem?

Trabalhando o tema

1. Leia 1 Coríntios 15.22-23.
   A. Duas categorias de pessoas são apresentadas nesta passagem. Quais são e a que grupo você pertence? Em que se baseia sua certeza?

B. Por que esta passagem depende fundamentalmente do que está escrito em 1 Coríntios15.17? Qual a ligação entre elas?

2. Leia Romanos 6.5-9.

A. Qual o elo entre a morte, a ressurreição de Cristo e nós?

B. Conforme o ensinamento de Paulo até que ponto esta verdade nos afeta no dia de hoje?

2. Leia 1 Tessalonicenses 4.14.

A. Que promessa temos aqui? E ela nos dá alguma esperança?

Vivenciando o tema

1. Depois de um tempo em oração, procure falar com alguém que ainda não conhece a Cristo a respeito da ressurreição. Que esperança a ressurreição de Cristo traz a você? E como seus amigos podem beneficiar-se de tal esperança?

2. Converse durante a semana com seus filhos ou outros membros de sua família sobre o sentido da ressurreição de Jesus em nossa vida diária. Isto afeta seu modo de viver?

4

Nos Braços Calorosos do Pai Amoroso

Revisando o tema

1. "Lembra-se da primeira vez que você foi a um sepultamento? A maioria de nós já enfrentou esta realidade."

A. Responda a pergunta feita pelo autor e descreva a ocasião.

B. Descreva também a última vez que você teve que dizer "adeus" num funeral. Qual foi a diferença em relação à primeira vez?

2. "Assim como os pais precisam saber que seus filhos estão bem protegidos na escola, também queremos saber se nossos entes queridos morreram salvos."

A. Você concorda com Max? Sim ou não?

B. Nossos parentes estão "seguros" na morte. O que isto quer dizer?

3. "Sempre que trata do período entre a morte da pessoa e a ressurreição dos mortos a Bíblia não fala muito alto; apenas sussurra."

A. Por que razão a Bíblia apenas "sussurra" quanto a este período que antecede a ressurreição?

B. Qual a melhor maneira de reagir a este sussurro?

4. "Paulo está afirmando aqui, que no momento que partir ou morrer, naquele mesmo instante ele passa a estar com Cristo."

A. O que fazer para que essa verdade traga esperança aos doentes terminais?

B. E como fazer nascer a esperança naqueles amados que ainda não partiram?

Trabalhando o tema

1. Leia 1 Tessalonicenses 4.13-18.

A. Conforme o versículo 13, por que as pessoas se "entristecem" quando seus entes queridos morrem? Por que tanta lamentação?

B. Conforme o ensino de Paulo quem são os que voltarão primeiro com Cristo?

C. Qual o grupo que nunca experimentará a morte, conforme o versículo 17?

2. Leia Filipenses 1.21-26

A. Identifique o conflito interior de Paulo nesta passagem. Como era este "aperto" ou "pressão"?

B. O que Paulo esperava que acontecesse na hora de sua morte? Explique.

3. Leia Atos 7.54-60.

A. O que Estêvão viu antes de morrer? O que o encheu de esperança? E o que deixou a turba furiosa?

B. Qual o sentido de "dormir"? Por que usar esta terminologia?

Vivenciando o tema

1. Faça uma experiência durante a semana. Procure reunir as pessoas em torno do tema da morte. E veja o tipo de reação das pessoas.

2. Tire tempo durante a semana e medite em seu próprio funeral. Que tipo de celebração você gostaria de ter? O que gostaria que dissessem a seu respeito? Quais pessoas você gostaria que estivessem presentes no seu funeral? Por quê?

5
NOVINHO EM FOLHA!

Revisando o tema

1. "A semente precisa ser enterrada para que dela nasça uma nova planta."

   A. Por que este princípio agrícola é importante para nossa fé?

   B. Por que este princípio é válido para todas as épocas?

2. "O funeral não é um sepultamento, mas uma plantação. O túmulo não é um buraco no chão, mas uma terra arada para o plantio. O cemitério não é o lugar de descanso, mas de transformação."

   A. Explique o que o autor quis dizer com esta colocação.

   B. Você concorda? Sim ou não?

3. Max afirma que Deus transformará nossos corpos de três maneiras:
   - Da corrupção para a incorrupção.
   - De um corpo de desonra, para um corpo de glória.
   - Da fraqueza para o poder.

   A. Qual o sentido de cada um desses três pontos.

   B. Como aplicar esse conhecimento ao nosso estilo de vida?

4. Max apresenta duas verdades complementares no final do capítulo:
   - Seu corpo, de algum modo, durará para sempre. Respeite-o.
   - Suas DORES não são eternas. Creia nisso.

A. Como podemos "respeitar" ou "desrespeitar" nosso corpo?

B. De alguma forma esquecemo-nos que nossas dores não serão eternas. Quando é que isso acontece? O que fazer para não esquecer essa verdade?

Trabalhando o tema

1. Leia 1 Coríntios 15.20-26.

   A. "Cristo, as primícias; depois os que são de Cristo". Explique.

   B. Qual o último "inimigo" a ser destruído?

2. Leia 1 Coríntios 15.35-44.

   A. Por que Paulo afirma que nosso corpo é como uma semente? Qual a dimensão dessa analogia para os nossos corpos?

   B. Escreva algumas das diferenças entre nosso corpo atual e o corpo celestial.

3. Leia Filipenses 3.20-21.

   A. De que forma nossos corpos serão transformados?

   B. Como serão nossos corpos?

   C. Quem terá corpo glorificado?

4. Leia João 20.10 a 21.14; Lucas 24. 36-43.

   A. O que havia de comum entre o corpo ressurrecto de Jesus e seu corpo terreno?

   B. O que havia de incomum no corpo ressurrecto de Jesus?

   C. E que sentido isso tem para nós?

Vivenciando o tema

1. Sem interrupção leia os registros dos quatro evangelhos sobre a ressurreição de Jesus. Coloque-se no lugar dos discípulos e imagine como você teria reagido a tais aparições? Qual o impacto dessas aparições na fé dos discípulos? E em que contribuem para o aumento de sua fé?

2. Gaste um tempo refletindo sobre o potencial que o seu corpo glorificado terá no futuro. Em que isso contribui para melhorar o seu corpo natural? Como você acha que se sentirá com um corpo tão novo e forte? Em sua imaginação o que você fará com um corpo assim? Depois de meditar, agradeça a Deus pelo novo corpo que terá, pois seu novo corpo não será apenas um sonho, mas realidade!

6
Vestindo Roupas Diferentes

Revisando o tema

1. "Cheguei até a porta, mas não me foi permitido entrar."

   A. Por que impediram o autor de entrar nos vestiários do campo de golfe de Augusta?

   B. Como ele se sentiu quando barrado à porta dos vestiários? Como você teria se sentido?

2. "Barrado na porta de um clube de golfe é uma coisa, outra bem diferente é ser barrado na porta do céu. Eis por que muitas pessoas não querem conversar sobre o retorno de Cristo. O tema as deixa nervosas. São pessoas que têm temor de Deus e freqüentam os cultos, mas ficam nervosas."

   A. Você fica nervoso e agitado quando conversa sobre a vinda de Cristo? Explique.

   B. Você já ficou preocupado com a possibilidade de lhe ser negada entrada no céu? Explique.

3. "Deus vê o que você e eu não vemos. Nosso amigo João Decente também erra no seu dia a dia. E cada vez que peca, um pingo de sujeira aparece em sua roupa. Por exemplo, ele exagerou ao falar a verdade para seu patrão no dia de ontem; sua roupa ficou maculada. Ele acrescentou alguns centavos no seu relatório de despesas financeiras. Outra mancha. Seus colegas de trabalho zombavam do novo funcionário; ele, ao invés de deixar a sala, contou umas que outras. Outra mancha. Do nosso ponto de

vista são coisas insignificantes. Mas e que diz Deus? Como ele vê estas coisas? Deus vê que o sujeito está participando de confusão e erro."

A. É mais fácil ver a mancha na roupa dos outros do que na nossa? Explique.

B. Você acha que, ao olhar para você, Deus o vê "metido em confusão e erro"? Explique.

4. "Ele fez mais do que tirar nossas vestes imundas; ele as vestiu por nós. Ele usou nossas vestes de pecado na cruz e, ao morrer, seu sangue foi derramado sobre nossos pecados. Por seu sangue fomos purificados. Por isso, quando Cristo voltar, não seremos despedidos na porta. Não precisamos temer."

A. Quais as "vestes" que eram nossas e que Cristo vestiu? E como purificou essas "vestes"?

B. Que tipo de "roupas" você está vestindo agora? E como sabe?

Trabalhando o tema

1. Leia 1 João 2.28.

A. A quem é dirigido esse versículo? Qual o sentido dele?

B. Como ter certeza de que não seremos "envergonhados" na vinda de Cristo?

2. Leia Mateus 22.1-14.

A. Por que o primeiro grupo de convidados para a festa (Vv. 4-6) não veio ao banquete oferecido pelo rei?

B. Descreva o segundo grupo de convidados para a festa (Vv. 9-10).

C. Qual a interpretação dada sobre o homem que foi encontrado sem as vestes nupciais (Vv. 11-13)? O que Jesus queria afirmar com a ilustração?

3. Leia Romanos 13.14 e Gálatas 3.26-29.

A. Que tipo de vestes é aqui descrita? Qual o seu sentido?

B. Como alguém veste esta vestimenta? Você já se vestiu? Explique.

4. Leia Gálatas 3.13 e 2 Coríntios 5.21.

   A. De que maneira Cristo tomou o nosso lugar?

   B. Por que motivo ele fez esta troca?

Vivenciando o tema

1. Muitas vezes achamos que a melhor maneira de não sermos "envergonhados" na vinda de Cristo é cortar de nossas vidas tudo o que, aos nossos olhos, pode nos envergonhar – e olhamos mais para os nossos pecados do que para Cristo. Experimente durante alguns dias, de maneira diferente. Coloque seus olhos em Cristo e no seu retorno. Pense nele, não em seus pecados – e então descreva sua experiência no seu diário pessoal.

2. Leia um livro que aborde a capacidade de Jesus Cristo em transformar todo tipo de pessoas. Depois, gaste alguns minutos agradecendo a Deus por tudo o que ele vem fazendo em sua vida.

7

Quem é Quem no Pódio dos Vencedores

Revisando o tema

1. "Quantas vezes você sonhou que gostaria de estar ali, na marca do pênalti, numa decisão, acertando o canto do goleiro? Seu nome aplaudido em todo estádio, nas manchetes de jornais, na tevê? Quem não gostaria de ser aplaudido por alguma conquista, seja no futebol, nas artes ou em qualquer campo de atividade? Ganhar o prêmio Pulitzer? Cantar na Broadway? Ser um Pelé da vida? Quem não gostaria de comandar uma frota de navios, ou receber o prêmio Nobel?"

   A. Se você é um fã do futebol como reagiu com as defesas de Tafarel?

   B. Se você não é ligado em futebol, que sonhos você sempre acalentou desde os tempos de criança? Descreva seu sonho.

2. "O galardão celestial não é reservado a poucas pessoas, '"mas também a todos os que amam a sua vinda"' (2 Tm 4.8).

A. Por que será que Deus avisa com antecedência que seremos galardoados? O que você acha que é um galardão? Explique.

B. Você acha que existe um galardão esperando por você no céu? Explique.

3. Max menciona três tipos de coroas:
   - A coroa da vida.
   - A coroa da justiça.
   - A coroa de glória.

A. Qual o sentido de cada uma delas?

B. Qual dessas coroas se encaixa melhor em você? Por quê?

4. "O céu será maravilhoso, não por causa das coisas que existem, mas por aquelas que não existem."

A. Como um lugar pode ser maravilhoso por não ter certas coisas?

B. Que tipos de coisas não existem no céu? E como você se sente sabendo disso de antemão?

Trabalhando o tema

1. Leia Mateus 24.42-47.

A. Por que Jesus compara sua volta como a chegada de um ladrão? Em que aspectos são iguais e diferentes?

B. Qual a definição de "servo vigilante" nos versículos 42-44?

C. E como serão recompensados os servos vigilantes? (Vv. 46-47).

2. Leia 2Timóteo 4.6-8.

A. Descreva em que circunstâncias Paulo escreveu essas palavras.

B. Descreva como as palavras de Paulo encorajaram seu próprio coração.

3. Leia Tiago 1.12.

A. A quem Tiago se refere nesse texto? Por que é tão importante?

B. Que tipo de coroa Tiago menciona? A quem é entregue? Você almeja receber essa coroa? Explique.

4. Leia 1 Pedro 5.1-4.

   A. A quem Pedro se refere nesse versículo?

   B. Que coroa Pedro menciona aqui? A quem é entregue? Você almeja recebê-la? Explique.

Vivenciando o tema

1. Reflita por um instante e imagine-se no pódio dos vencedores no céu. Todo o céu está atento em você. O que Deus está falando de sua vida na terra? Que tipo de galardão você crê que irá receber? Agora, volte para a terra. Você acha que precisa mudar de vida para ter direito a tal recompensa? Se acha que sim, onde precisa mudar? Ore buscando forças em Deus e agradeça-lhe de antemão o galardão que lhe está sendo reservado no céu.

2. Tome uma chave bíblica e leia as palavras *galardão* e *herança*. Busque apenas os textos que abordam nossa herança eterna. O que você descobriu? E que impacto o estudo teve no seu viver diário?

8
Faríamos Tudo de Novo

Revisando o tema

1. "Schindler contemplou diante de si o rosto daqueles que ele salvou; nós também passaremos pela experiência. Schindler ouviu satisfeito e emocionado a gratidão daquelas pessoas; nós passaremos pela mesma experiência. Ele deparou-se diante de um grupo de redimidos; experiência que nos está sendo reservada."

   A. Teria sido difícil fazer o que Schindler fez? Explique.

   B. Qual a maior dificuldade em se viver uma vida piedosa aqui na terra? Explique.

   C. Até que ponto, ajudar o próximo, mantém-nos ativos em nossa jornada espiritual?

2. "Muitos de nós nem imaginamos o poder de nossa influência. (Melhor assim, senão ficaríamos orgulhosos.)

A. Você já imaginou o poder de influência que você tem? Explique.

B. Por que sentir orgulho se conhecemos o fim da história?

3. Max escreve sobre a alegria indizível em ouvirmos a expressão "tenho tanto orgulho de você".

A. O que o incita a essa alegria indizível? O que você pode fazer para tê-la no céu?

B. Até que ponto podemos sentir orgulho da fé de uma pessoa? O orgulho não é um pecado?

4. Max afirma que duas coisas acontecerão no céu ao descobrirmos como influenciamos os outros com nossa fé:

- A grandiosidade da glória daquele momento vai além de toda imaginação.
- Não reclamaremos do sacrifício feito a favor do reino.

A. Em poucas palavras, diga como você pode influenciar as pessoas a favor do reino de Deus.

B. Que tipo de "sacrifícios" Deus pede que você faça pelo reino? Como atender o chamado de Deus? Explique.

Trabalhando o tema

1. Leia 1 Tessalonicenses 2.17-20.

A. Como Paulo se refere aos crentes de Tessalônica (v. 17)? E o que sente Paulo a respeito deles?

B. Paulo elogia os crentes com três qualidades no versículo 19. Quais? Qual a expectativa de Paulo a respeito desses crentes na vinda do Senhor?

2. Leia 1 Coríntios 1.8,9.

A. O que esse versículo tem a ver com a vinda de nosso Senhor?

B. Compare este texto com Isaías 64.4. Que sentido tem à luz do texto acima?

3. Leia Atos 17.1-10.

A. O que você descobriu a respeito do começo da igreja em Tessalônica?

B. Que "dicas" você aprende sobre as dificuldades que os tessalonicenses enfrentaram no início de sua fé cristã? E como podemos ser ajudados pela experiência que tiveram?

Vivenciando o tema

1. Sente-se à mesa, pegue papel e lápis e faça uma lista de pessoas que você acha que pode ter influenciado durante sua vida: Pessoas da família, amigos, gente da igreja, balconistas, entregadores, vizinhos, barbeiro, etc. Quando foi a última vez que viu tais pessoas? Que tipo de influência você exerceu sobre elas? Sua influência teria contribuído para que conhecessem a Cristo?

2. Tome algum tempo orando e pedindo a Deus que o ajude a ser uma boa influência sobre as pessoas. Peça discernimento, sabedoria e táticas espirituais para que seu testemunho seja o mais efetivo possível. Depois, agradeça-lhe por tudo o que vem fazendo através de sua vida.

9
O Último Dia do Mal

Revisando o tema

1. "Se não estivermos familiarizados com o final da história, podemos ficar amedrontados durante a apresentação. Por isso é bom saber o último ato."

   A. O que Max quer dizer com "apresentação"? E que dizer sobre episódio final?

   B. O que podemos deduzir sobre o último ato?

2. "O final da cena não é mistério; Deus quer que vejamos o quadro todo. Ele quer que saibamos quem é o vencedor e também que a maldade que presenciamos nos palcos da vida não são tão poderosas quanto pensamos."

   A. Satanás anda metendo medo em você?

B. De que forma Deus "ganha" no final? Só em pensar no último ato de Deus sentimo-nos encorajados. O que você pensa da vitória final?

3. Max nos fornece duas razões pelas quais podemos criar coragem para enfrentar o inimigo:
   - Jesus intercede por nós.
   - Nós venceremos.

   A. Especule por um momento que tipo de intercessão Jesus oferece a seu favor? Por que ele ora a seu favor?

   B. Como será nossa vitória? E como você se sente sabendo de antemão que é um vencedor? Explique.

Trabalhando o tema

1. Leia Apocalipse 20.10.

   A. Que destino final o diabo terá? Como acontecerá? Que certeza temos de que será assim mesmo?

   B. Por que João nos contou sobre esse episódio? E como podemos ser ajudados pelo que ele nos diz?

2. Leia Lucas 22.31-34.

   A. Que sentido tem para você o fato de Jesus afirmar que Satanás "pediu" a Jesus para cirandar a Pedro?

   B. Que tipo de oração Jesus fez a favor de Pedro?

   C. E o que dava a Jesus certeza de que sua oração seria atendida?

   D. Por que esse assunto é tão importante à luz do que Jesus prediz no versículo 34? O versículo 33 mostra que a confiança de Pedro não estava bem alicerçada. Explique.

3. Leia Hebreus 7.20-26 e Romanos 8.26-27.

   A. Que promessas temos nessas passagens?

   B. Por que precisamos ter tantas promessas assim?

4. Leia João 16.33.

   A. Que promessas sobre esta vida temos da parte de Jesus?

   B. Por que devemos ser encorajados nas horas difíceis?

Vivenciando o tema

1. Memorize Hebreus 7.25-26 e Romanos 8.26-27. A melhor maneira de memorizá-los é escrever os versículos em pequenos cartões e colocá-los onde sejam visíveis a todo momento. Na mesa, na porta da geladeira, no espelho, no carro. Deus não o deixou órfão, ele o guarda de todo mal e intercede a seu favor. Agradeça-lhe por isso!

2. Se você tem filhos procure uma maneira criativa de ensinar-lhes esta verdade. Ajude-os a desenhar alguma coisa que fale da proteção e cuidado de Deus para com eles. Não se esqueça de crer, você mesmo, no que está ensinando!

10

Contabilizando a Graça de Deus

Revisando o tema

1. Max afirma que o juízo na vinda do Senhor será marcado por três proezas:
   - Dia de revelação da graça de Deus.
   - Dia em que o galardão de cada servo será revelado.
   - Dia em que os que não conhecem a Deus pagarão um alto preço.

   A. De que forma a graça de Deus será revelada na vinda de Cristo?

   B. Como será a entrega dos galardões?

   C. E que preço pagarão os que não conhecem a Deus?

2. "O que Deus fez nos dias de Noé, ele fará quando Cristo voltar. Ele proclamará seu juízo universal e irreversível; um juízo que destacará a graça inefável de Deus, em que as recompensas serão anunciadas e os impenitentes punidos."

A. Em que podemos comparar o dia da vinda de Cristo com o que aconteceu nos dias de Noé?

B. E como podemos, como Noé, nos preparar para o dia que virá?

3. Max faz quatro perguntas fundamentais sobre o dia do juízo:
   - Quem será julgado?
   - O que será julgado?
   - Por que os crentes serão julgados?
   - E qual o destino dos que não conhecem a Deus?

A. Que resposta o autor dá a cada uma destas perguntas?

B. Você concorda com as respostas dele? Explique.

4. "O veredicto misericordioso de Deus ecoará pelo universo, e pela vez primeira na história entenderemos a profundidade de sua bondade. Graça contabilizada. Bênção catalogada. Lista de perdão. Extasiados ouviremos cada pecado anunciado e depois o perdão de cada um deles, proclamado."

A. O que o autor quer dizer com "contabilizando a graça de Deus"? Em que extensão entenderemos a dimensão da graça de Deus?

B. Você está pronto para o dia do juízo? Explique.

Trabalhando o tema

1. Leia Gênesis 6.5-14; 7.17-23.

A. O que esses textos nos ensinam sobre a reação de Deus diante do pecado?

B. Você não acha que esses textos continuam valendo para os nossos dias, isto é, que Deus continua detestando o pecado?

2. Leia Mateus 24.31-46.

A. Que pessoas, de acordo com essa passagem, serão julgadas?

B. Sobre que base serão julgadas?

C. O que acontecerá com todas essas pessoas no dia do juízo?

3. Leia Romanos 14.10-12.

   A. A quem o texto se refere?

   B. Em que base serão julgados?

4. Leia 1 Coríntios 3.10-15.

   A. Que tipo de juízo o crente enfrentará?

   B. O que acontecerá depois desse julgamento? O que não é possível?

5. Leia 2 Tessalonicenses 1.6-10.

   A. Qual o destino daqueles que não conhecem a Deus?

   B. Em sua opinião, qual a pior parte do destino? Explique.

Vivenciando o tema

1. Compare 2 Timóteo 2.19 com Tito 1.15-16. Faça um levantamento de sua vida e assegure-se que você realmente pertence a Cristo. E como ter certeza de que você não "nega" a Cristo em seu viver cristão? Como ajudar as demais pessoas a viverem uma vida pura como Deus deseja?

2. No seu dia a dia, faça uma lista mental de todas as dádivas da graça de Deus durante o ano passado. Depois, no fim do dia, agradeça a Deus por todas as bênçãos recebidas. "Conta as bênçãos, dize-as de uma vez, e hás de ver surpreso quanto Deus já fez".

11
Advertência Amorosa

Revisando o tema

1. Max cita uma declaração de C. S. Lewis que escreveu: "Se eu tivesse poder em minhas mãos, teria o maior prazer em remover do cristianismo a doutrina da existência do inferno...pagaria qualquer preço para afirmar com confiança: Todos serão salvos".

   A. Você concorda com o comentário de Lewis? Explique.

   B. Por que não podemos afirmar com segurança que todos serão salvos?

2. "Se o inferno não existe, então Deus não é justo. Se o pecado não é punido, então o céu é complacente e indiferente com os estupradores, assaltantes e criminosos da sociedade."

   A. Você acha que Deus seria justo se dispensasse o inferno?

   B. De que forma a punição ao pecado mostra que o céu não é solidário com o pecado?

3. "O Novo Testamento aborda com muita clareza o ensino do inferno. Jesus foi quem primeiro abordou o tema e ninguém, além dele, falou de juízo e punição eterna de forma tão clara e objetiva."

   A. Como você se sente lendo uma declaração dessas? Explique.

   B. Por que você acha que Jesus e os demais escritores do Novo Testamento abordam o inferno com tanta clareza?

4. "Quando o amor não me compelia a obedecer, o temor me corrigia. Só o pensamento de ter que apanhar uma surra na oficina – e todo aquele ranger de dentes – era suficiente para um bom comportamento."

   A. Explique como esse tipo de medo pode ser apenas uma outra face do amor.

   B. De que forma a experiência pessoal do autor está estreitamente ligada com o que Deus nos fala sobre o inferno?

5. "Pessoas inocentes não vão para o inferno; os pecadores é que vão. Os rebeldes e egoístas também vão. Portanto, como um Deus amoroso mandaria pessoas para o inferno? Ele não faz isto. Apenas honra a escolha dos pecadores."

   A. O que você acha dessa declaração do autor? Concorda? Explique.

   B. Se algum dia você falou uma coisa dessas a um amigo não crente, qual foi a reação dele? O que aconteceu?

Trabalhando o tema

1. Leia Apocalipse 9.20-21; 11.10; 16.9-11,21; 14.9-11.

   A. Como reagem os não salvos diante do juízo de Deus nestas passagens?

B. O que espera os não salvos conforme o texto de Apocalipse 14.9-11?

3. Leia Daniel 12.2 e Mateus 25.46.

   A. Quais os dois tipos de pessoas mencionados nesses textos?

   B. Qual será o destino de cada um desses grupos?

   C. Por quanto tempo permanecerão nesse estado?

3. Leia Lucas 16.19-31.

   A. O que você aprende sobre o inferno nessa passagem?

   B. De acordo com os versículos 27-28 é uma loucura ouvirmos as pessoas dizerem: "É bom ir para o inferno, afinal, meus amigos todos vão para lá".

4. Leia Hebreus 2.14-18.

   A. De acordo com essa passagem, por que Jesus tomou a forma humana?

   B. Conforme essa passagem, o que fez Jesus ao morrer na cruz?

   C. Que certeza podemos ter de que foi exatamente isso que ele fez?

Vivenciando o tema

1. Não é uma tarefa agradável, no entanto, munido de uma concordância examine cada passagem que fale de "hades", "sheol" ou "inferno". Você vai se surpreender com o que vai encontrar.

2. Durante uma semana esteja atento ao que o povo fala sobre o "inferno". Você pode ouvi-los no shopping, na tevê ou nas ruas. O que as pessoas acham do inferno? Que frases costumam falar, demonstrando toda ignorância do tema?

12
VENDO A JESUS

Revisando o tema

1. O autor apresenta a argumentação apresentada por Agostinho, imaginando Deus falando com você: "Vou fazer um trato com você, isto é, se você aceitar. Vou lhe dar qualquer coisa e tudo o que me pedir: prazer, poder, honra, saúde, liberdade e até mesmo paz de espírito e uma boa consciência. Nada disso será tido como pecado; nada ser-lhe-á proibido e também nada ficará longe do seu alcance. Tudo será possível a você. Você nunca será aborrecido e jamais morrerá. Mas com uma condição: Você nunca verá minha face".

   A. Qual sua reação ao ler este parágrafo?

   B. Como reagiriam seus melhores amigos se recebessem tal proposta? Explique. Como você reagiria? Explique.

2. "A alegria de Paulo não é medida pelo encontro com os demais apóstolos ou por ver novamente seus entes queridos. Se isso causará admiração, o que certamente acontecerá, Paulo nada diz. O que ele confirma, isto sim, é que ficaremos extasiados ao contemplarmos Jesus."

   A. Por que ficaremos extasiados ao virmos o Senhor Jesus?

   B. O que mais o empolga a respeito de Jesus hoje em dia?

3. "A língua humana não tem o vocabulário adequado para descrever a Jesus. Assim como o poeta garimpa as palavras apropriadas para expressar seus sentimentos, João utilizou-se do recurso de símbolos para dizer-nos o que viu."

   A. Por que a linguagem humana não consegue descrever a Cristo?

   B. Se pudesse usar outros símbolos para descrever a Cristo, quais você usaria? Descreva-os e explique.

4. Max Descreve a Cristo como:
   - Sacerdote Perfeito.
   - Único em pureza.

- A Fonte de toda força.
- Som do amor.
- A Luz Eterna

A. Explique o sentido de cada uma destas descrições.

B. Qual delas fala melhor ao seu coração? Por quê?

Vivenciando o tema

1. Leia 1 João 3.1-3.

   A. Qual a dimensão do amor de Deus? De acordo com o versículo 1 qual a maior expressão desse amor?

   B. Conforme o versículo 2 o que acontecerá quando virmos a Cristo?

   C. O versículo 3 fala de quê? Explique.

2. Leia Apocalipse 1.10-18.

   A. Que imagem de Cristo você tem quando lê esse texto? Explique.

   B. Qual foi a reação de Jesus diante do Cristo "revelado"?

   C. Como Jesus agiu diante da reação de João? Você concorda que isso revela o grande amor de Cristo para conosco?

3. Leia Zacarias 12.10-13.1.

   A. Como Zacarias descreve o retorno de Cristo?

   B. De que forma a "casa de Davi" reagirá na volta de Cristo?

   C. O que Deus fala em 13.1?

Vivenciando o tema

1. Memorize o texto de Hebreus 12.2-3. Medite na pergunta: De que maneira "olhar para Jesus" pode nos ajudar a crescer na fé?

2. Vivemos ouvindo todos os dias múltiplas interpretações quanto à vinda de Cristo. Muitos não concordam uns com os outros e se dividem por causa de suas opiniões. Como ter certeza de que seu ponto de vista não

aumenta a divisão entre os irmãos? O que fazer para que o tema da vinda de Cristo aumente o amor, e encoraje cada vez mais os irmãos, trazendo paz e esperança?

13
No Limiar da Glória

Revisando o tema

1. "Ela é uma rebelde? Talvez. Mas é esquecida. Esquece que está noiva. Isso é desculpa esfarrapada, dirá você. O retorno do noivo deveria ocupar cada pensamento seu todo o dia!"

   A. Como pode a igreja "esquecer" seu noivo, Cristo?

   B. Como ter certeza de que você também não está esquecendo de seu noivo, Jesus?

2. "Esquecer para que serve a Ginkgo biloba é uma coisa; agora, outra coisa bem diferente é esquecer nosso compromisso com Cristo! Precisamos de uma vitamina para ativar a memória. Posso fornecer alguma?"

   A. Como saber que você cativou o coração de Deus?

   B. E como se sente sabendo que cativou o coração de Deus?

   C. Como reagir diante de tão grande amor?

3. "Temos diante de nós, todos os dias, o desafio de nos lembrarmos disso. O desafio de meditar, pensar e permitir que seu amor mude a maneira de como vemos a nós mesmos."

   A. Que imagem você tem de si mesmo?

   B. De que maneira o amor de Cristo pode mudar a maneira como você vê a si mesmo?

4. "Por que ainda não voltou? Há somente uma resposta: Sua noiva não está pronta! Ainda está se adornando".

A. Como você crê que a igreja deve se preparar para o encontro com Cristo?

B. De que maneira você está se preparando para a vinda dele?

5. "Queremos estar preparados com o melhor quando Cristo voltar. Queremos ter corações purificados e pensamentos limpos. Nossas faces e nossos olhos devem demonstrar o brilho de nosso amor. Por quê? Na esperança de sermos amados? Não. Ao contrário, porque ele nos ama."

A. Até que ponto o amor de Cristo provoca em você um desejo de santidade e pureza?

B. Que melhor palavra descreve o amor de Cristo por você? Por que esta palavra?

Trabalhando o tema

1. Leia Efésios 5.25-27.

A. Qual a visão de Cristo para com a Igreja conforme esses versículos?

B. Como "encaixar-se" nessa visão? O que ele fala corresponde a você? Explique.

2. Leia Apocalipse 21.2,9-27.

A. Como João descreve "a noiva do Cordeiro"? Que imagem você tem quando lê esse texto?

B. Faça uma lista das características da cidade conforme visto nesta passagem. Por que tantas formas e variações?

3. Leia 2 Coríntios 11.2-3.

A. Que objetivo Paulo tem em mente para a Igreja de Corinto?

B. De que forma prática poderíamos traduzir esse alvo para os nossos dias?

C. E como ter certeza de que este alvo é alcançado? O que devemos evitar?

4. Leia Jeremias 31.3; Isaías 62.5 e 1 João 4.10.
   A. O que Deus sente a nosso respeito de acordo com essas passagens?
   B. O que fazer para corresponder a esse sentimento divino?

Vivenciando o tema

1. Se você é casado, procure seu álbum de casamento, sente-se ao lado de seu cônjuge e falem sobre o dia de seu casamento. Durante alguns instantes conversem sobre "as bodas do Cordeiro" conforme descrito em Apocalipse 19.6-9. Você terá uma idéia de que a felicidade do dia de seu casamento não poderá se comparar à alegria e felicidade no dia de Cristo.

2. Da próxima vez que for convidado a um casamento, prepare-se lendo Apocalipse 19.6-9. Você descobrirá que um casamento aqui na terra é uma amostra das bodas do Cordeiro. Não seria uma inspiração para que você mantenha firme a chama ardente pelas bodas do Cordeiro?

Atentos ao Toque da Trombeta

Revisando o tema

1. "Você e eu temos alguma coisa em comum com o ratinho de estimação de minha filha. Como ele, caímos e, como ele, ficamos num beco sem saída, cercado, não por cordas de aço do piano, mas pela culpa, ansiedade e orgulho, caímos num lugar terrível, estranho."
   A. Descreva como a culpa, a ansiedade e o orgulho são um laço em nossa vida cristã.
   B. Que tipos de situações costumam "prendê-lo" e como você pode ser liberto delas?

2. "Prestamos atenção ao que Deus diz? Alguns sim, outros, como Fred, demoram a responder. Pelo menos, Deus entende, e é bastante criativo. Ele nos chama, procurando-nos no emaranhado onde nos metemos; quer que olhemos para ele, mas como o Fred afundamo-nos cada vez mais no problema."

A. Compartilhe a maneira criativa pela qual Deus o resgatou para ele.

B. Por que você também "se esconde num canto"?

3. O autor afirma que reagimos às tentativas de Deus em nos achar de várias maneiras:
   - Ficamos dizendo que Deus não existe.
   - Não cremos nele.
   - Fazemos uma tentativa.

   A. Qual dessas alternativas é a que mais "fecha" com certas situações de sua vida?

   B. E qual delas corresponde a alguma característica sua no dia de hoje?

4. "Fred encontrou um jeito de sair de lá. Subiu até a tampa do piano onde Sara o esperava. Ficou ao alcance da mão dela e ela o tirou dali. É exatamente isto o que Deus quer fazer com você. Você olha para ele e prontamente será alcançado. É hora do livramento. *Quando Cristo voltar...*

   A. O que você pensa quando se depara com a palavra "lar"?

   B. O que você mais anseia em ver no dia que Cristo voltar?

Trabalhando o tema

1. Leia Apocalipse 22.7,12-14,17,20.

   A. O que João mais enfatiza nesses versículos finais?

   B. O que você faria se soubesse que Cristo voltaria hoje às sete da noite?

2. Leia 1 Tessalonicenses 4.16-18.

   A. Quais os três "sons" mencionados neste texto?

   B. O que acontecerá quando ouvirmos os sons?

   C. O que Paulo espera de nossa parte quando fala esse assunto?

3. Leia Judas 24-25

   A. Fale sobre a maneira como Judas descreve nossa apresentação diante de Deus.

B. Quem é o responsável por tão grande evento?

C. Como reagimos diante dessa verdade?

4. Leia 2 Pedro 3.8-15.

A. Qual deve ser nossa reação diante daqueles que zombam da vinda do Senhor?

B. Que tipo de pessoas devemos ser, já que Cristo está mesmo voltando (Vv. 11,14)?

C. Por que o Senhor está demorando voltar (v. 15)?

Vivenciando o tema

1. Memorize Judas 24-25 e peça que alguém da família ou um irmão memorize com você. Depois tirem um tempo juntos para avaliar o quanto sua fé cresceu no Senhor.

2. Busque ouvir o *Messias* de Handel, não importa a época do ano. Ouça especialmente a parte do "Aleluia" tendo em mente que o "Rei dos reis, Senhor, dos senhores" está retornando à terra. *Para nos levar.*